[日] 林田明大 著
姜华 译

青年们，读王阳明吧

人民东方出版传媒
People's Oriental Publishing & Media
东方出版社
The Oriental Press

图字：01-2022-1946

SHINSOBAN SHINSETSU "YOMEIGAKU" NYUMON by Akio Hayashida
Copyright © Akio Hayashida 2019
All rights reserved.
Original Japanese edition published by Wani Plus Inc.
This Simplified Chinese edition is published by arrangement with
Wani Plus Inc., Tokyo in care of Tuttle-Mori Agency, Inc., Tokyo
through Hanhe International (HK) Co., Ltd.

中文简体字版权由汉和国际（香港）有限公司代理
中文简体字版专有权属东方出版社

图书在版编目（CIP）数据

青年们，读王阳明吧！/（日）林田明大 著；姜华 译. —— 北京：东方出版社，2022.12
ISBN 978-7-5207-2832-4

Ⅰ.①青… Ⅱ.①林… ②姜… Ⅲ.①王守仁（1472—1528）- 哲学思想 - 研究 - 日本 Ⅳ.①B248.25

中国版本图书馆CIP数据核字(2022)第110511号

青年们，读王阳明吧！
(QINGNIANMEN, DU WANG YANGMING BA!)

作　　者：	[日] 林田明大
译　　者：	姜　华
责任编辑：	姬　利　柳明慧
出　　版：	东方出版社
发　　行：	人民东方出版传媒有限公司
地　　址：	北京市东城区朝阳门内大街166号
邮政编码：	100010
印　　刷：	万卷书坊印刷（天津）有限公司
版　　次：	2022年12月第1版
印　　次：	2023年12月第2次印刷
开　　本：	787毫米×1092毫米　1/32
印　　张：	9.5
字　　数：	175千字
书　　号：	ISBN 978-7-5207-2832-4
定　　价：	62.00元
发行电话：	(010) 85924663　85924644　85924641

版权所有，违者必究
如有印装质量问题，请拨打电话：(010) 85924602　85924603

致中国读者

◆ **阳明学传入日本，大约400年间不断传承发展，孕育了众多的阳明学者及先贤。**

仿若回归故里一般，拙著《人人都能读懂的王阳明》被翻译成中文，在中国出版发行，得以让更多的中国读者朋友读到此书。这令十八岁得知王阳明、三十四岁远渡欧洲期间决心潜心研究阳明学、自此以后三十五载私淑于王阳明的我来说，真是感慨万千。

在本书的开头，书写这篇"序文"，我有两个目的。

首先，阳明学作为明朝的代表，有"明学"之称，它未被邻国的李氏朝鲜所采用，也伴随明朝的灭亡，在中国被人所遗忘。然而，在那之后，自十六世纪初至今约400年间，阳明学在日本不断传承发展，培养了众多的阳明学者及先贤。这一事实表明，诞生于中国的阳明学，其实用性与有用性在日本得到了证明。

出于这层原因，我想借此机会来梳理一下日本阳明学的发展脉络（详见本书"补遗一"）。

其次，本书自首次出版以来已经过去了二十七年。我想分享一下我对阳明学更加深入的一些理解。今日我的阳明学观已与二十七年前不同，演变为明显的"生活哲学"。在每日的生活之中，无一日不意识到"致良知"。

如果开宗明义就让我做出一个结论的话，我以为阳明学就是有利于提升人性的工具，它既简单又具有划时代的意义；阳明学是人间学，是在现代仍不过时的"东方思想之精华"；阳明学就是"生活哲学"（吉田公平、小山国三《中江藤树的心学和会津·喜多方》）。

这三条结论，既是我依据阳明学潜心修养的真实体验，也被日本近现代史上那些优秀的人物所证明，他们都是在阳明学的熏陶下练就了人间力与强大的内心。也就是说，阳明学作为培育人才的工具是非常有效的。

在日本，阳明学作为生活哲学而被人们广泛接受。日本阳明学藤树学派的代表人物植木是水的一段生动故事印证了这一点。

植木是水虽然出生于今冈山县的商人之家，但因为家中一贫如洗，连买笔学字的余钱都没有，是个一字不识的文盲。后来他有幸接受中江藤树的教育，勤于修行，终于开悟。关于此，三浦长亲在其《植木是水翁示教录》的《序》中有所记载。

作州（现在的冈山县北部）武士安藤靭负问道："植木翁您也有欲望，也有内心不能平静的时候吧?"

植木翁回答道："有呀，但不必介意这些事情，只要一心追随良知就行。"

安藤氏又问："即便如此，内心难道就没有过波动吗？"

植木翁回答："的确如您所说，内心总会有波动的，但是内心波动的深处，尚有良知守护着我。"

植木翁对良知深信不疑。

此外，又有人问他："植木翁，您也有精力分散、焦虑不安的时候吧？"

植木翁答道："大家总是担心自己精力无法集中，焦虑不安，等等，设法摆脱它们。修行可不能这样。你发现自己感到焦虑不安，这正意味着良知在发挥作用，相信良知便可以了。不要关注焦虑不安的负面，而要去感谢内心的良知，是它让我们发现了自己的焦虑不安。只要做到这些，焦虑不安就会自然而然地消逝。"

植木翁告诉我们的是，当你在日常生活中感到焦虑不安时，那正是良知在提醒你。如果对正在发挥作用的良知心怀感念，那么内心就会自然而然地归于平静。我年轻的时候，曾有过这样的经历。是夜，钻进被窝里时，忽然听到"内心的喁喁细语"："喂，每天要带到公司的资料放到包里了吗？"

"啊，是啊，明天开会准备用的资料，好像忘记放到书包里了。可是，实在太困了，明早再放进包里也来得及呀。"

这样想着就睡着了。可是第二天早晨，终究还是忘了，结果在公司非常窘迫。这种"内心的喁喁细语"就是良知之声，而"实在太困了，明早再放进包里也来得及呀"就是私欲。王阳明诉说的，就是要在自己的人生当中把良知作为内心的主人。

阳明学的教义并非有什么特别之处。在我的另一个终生研究对象鲁道夫·施泰纳的人智学中也有与阳明学共通的教义。

以下是对施泰纳的医学研究造诣颇深、设立帕拉塞尔苏斯医院的华尔特·普勒的一段话：

"人的所有工作，尤其是每天必做的工作及勤务，都需要具备一定的知识、关注、深思熟虑、细心、兴趣、投入、热心、熟练、责任感，等等，任何一个工作都是如此，并不只是专家或艺术家才需要。"

"比如说，扫除、洗衣服、除草等，这些工作看起来都极为简单。不过，人'内心的自我'总是以某种形式在追求更高的层次。如果不响应这种请求，得过且过，那我们会在不知不觉间变得倦怠懒散而邋遢，进而变成一个毫无责任感的人。"（华尔特·普勒，《人智学的生死观》）

在主持阳明学及日本阳明学研究会的同时，我也在通过阳明学来提升修行。下面的这句话是我修行中的感悟，兹录于此与大家共勉。

每天做着琐碎的事、得过且过的人，就如同每天都在修行着要把自己变成一个琐碎、得过且过的人。

最后，我从拙著《涩泽荣一与阳明学》卷末的解说中摘录一段话，以这段话来为这篇序言收尾，实在是最胜任不过、也最富意义的了。

"涩泽荣一卒于昭和六年（1931）。根据德鲁克所说，第二次世界大战之后日本经济的轨迹可以上溯到涩泽荣一，都是涩泽荣一留下的遗产。这意味着什么呢？不正说明战后日本经济的成功是《论语》与阳明学的遗产吗？德鲁克并非单纯地在讨论系统性问题，而是在经济思想这一点上将涩泽视为世界经营史上的重要人物，这绝非夸大其词。"

"那么在第二次世界大战之后，被日本经营者奉为精神导师的是谁呢？不正是阳明学者安冈正笃吗？"

"那么，那个安冈正笃是何时去世的呢？是昭和五十八年（1983）。然则，日本经济的没落是从何时开始的呢？是从平成二年（1990）泡沫经济崩溃、安冈死后第七年开始的……（中略）安冈所代表的'儒教资本主义'系谱给予了日本的经营者以巨大的影响，其影响的消长与日本经济的盛衰相重叠在一起，如果将此归结为偶然，那显然是大错特错了。"（《涩泽荣一与阳明学》，文艺评论家小川荣太郎语）

令和三年（2021）十一月五日（星期五）于埼玉市寓所

第二部 阳明学的思想

第一章 什么是阳明学 · 129

第二章 心即理 · 141

第三章 知行合一 · 157

第四章 致良知 · 179

第五章 四句教 · 191

第六章 阳明学与情感 · 199

第七章 阳明学与歌德的思想 · 211

补遗 一 阳明学在日本的四次热潮 · 237

补遗 二 改变日本的阳明学 · 265

目录

致中国读者 · 1

第一部
王阳明生平

序言 · 003
第一章 立志修行时代 · 007
第二章 受难与悟道的时代 · 035
第三章 武人·王阳明 · 059
第四章 阳明学的确立 · 103
尾声 · 125

第一部

王阳明生平

序言 继承宋朝文化的明朝文化

王阳明出生于元朝（1271—1368）之后的明朝（1368—1644），活跃于明朝中期。

元朝是成吉思汗之后的第五代可汗忽必烈灭了宋朝（960—1279）之后建立的蒙古族王朝。

首先，想要理解王阳明生活的明朝，宋朝就必须比元朝多讲一些。因为包含阳明学在内的很多明朝文化，都是以宋朝文化为基础，在其延长线上。

宋朝前期称为北宋（960—1126），后期称为南宋（1127—1279），被称为新儒教的朱子学创始者朱子活跃在南宋时代。

"不杀士大夫及上书言事之人。"

遵循太祖赵匡胤的这条遗训，贯彻文化至上主义的宋朝，采取了既非贵族政治，也非武家政治，堪称文官政治的全新政治形态。此后，这种文官政治除了元朝以外，一直到清朝灭亡大约持续了1000年之久（赵匡胤自己是武官出身）。

在尊重言论自由的宋朝，朱子自不必说，还诞生了几位中国历史上璀璨夺目的思想家。宋朝的新儒教被称为宋学，但对于宋学的完成有着巨大贡献的是朱子以及与其齐名的竞争对手陆象山。二人展开了为时三天的激烈辩论，这就是中国思想史上著名的"鹅湖之会"。

在佛教方面，宋朝禅宗盛行，以大慧宗杲（1809—1163）为代表的得道高僧辈出。据说朱子也曾与宗杲参禅问道。陆象山、欧阳修、周敦颐等宋朝著名的儒家大师也多参禅。

在中国对世界作出伟大贡献的古代四大发明中，活字印刷术、指南针和火药三项均是在宋朝诞生的。

明朝的独裁政治

明朝的开国皇帝是从贫民起家的太祖洪武帝（姓朱名元璋）。洪武帝的称呼来源于年号洪武。

洪武帝与汉高祖（刘邦）相同，都是出身于社会最底层阶级（佃农），所以他对汉高祖抱有亲近感。汉高祖开国后，逐一清洗（处死）了功臣，洪武帝也仿效此法，但比汉高祖规模更大更残忍，他以谋逆为由诛杀了五万多人。

尽管如此，洪武帝却并非仅是性格残暴的君主。他是一位从蒙古人手里夺取政权的汉族英雄,超一流的军事家。他实行农本主义政策,注重简朴、直率的开国精神,是一位有能力的政治家。因此,他被后世评论为"兼具圣贤、豪杰与盗贼的特性"。

作为王朝的政治思想意识形态,洪武帝采用了儒教(朱子学),但是他命人将经典著作《孟子》中己所不喜的部分删减掉八十五条,编成《孟子节文》,颁布给学校作为科举考试的参考书。据说《孟子·尽心篇》中的那句"民为贵、社稷次之、君为轻",国家比君主更重要,人民比国家更尊贵这一处最不合洪武帝心意。王阳明自不必说,许多读书人对这种窜改的教科书当然备感愤怒。这种钳制言论的做法让明朝的官僚们的理念变得淡薄。

而且,也许是由于军费花销巨大,没有比明朝官吏的俸禄更低的朝代了(相反,官吏俸禄最高的还是宋朝)。仅凭俸禄无法养家,所以明朝贪污腐败盛行。

《明史》中记载"明有天下,传世十六,太祖、成祖而外,可称者仁宗、宣宗、孝宗而已"。从通过控制言论将愚民政策施行得平常自然的洪武帝开始的明朝,除了有名君之称的明孝宗(寿命短暂)以外,历代皇帝均大肆发挥其昏君行径,只是存在程度上的差异而已,贿赂政治横行天下。

历史上没有比明朝皇帝的独裁权力更强硬的朝代了。

即便是大臣，那也不过是皇帝的奴隶。并且，充当独裁皇帝的耳目的是宦官。所谓宦官就是侍奉后宫（妃子或女官居住的宫殿，日本称为大奥）被阉割的男性官员，是在讲述中国历史时不可忽视的存在。

中国第一部历史书籍《史记》的作者司马迁（公元前145—公元前86）在48岁的时候被政敌陷害，遭受了宫刑（腐刑），割掉男性生殖器变成了宦官。总之，这原本是中国古代的刑罚之一。但不知从何时起，当宦官成了出人头地最便捷的路径，为了一族的荣华富贵，有的人自小便被去势，送入宫中当宦官，有的人成年之后主动接受手术当宦官。

宦官最为猖獗跋扈的是明朝。当然，不是所有的宦官都是坏人。例如，永乐帝时代率领大舰队出海并到达非洲沿岸的郑和，也是小时候被去势的宦官之一。

明朝历代皇帝均设置了特务机关"东厂"，任命宦官担任首领，主要任务是监视官吏（官员），从事秘密侦查并揭发谋反计划或违纪行为的工作。但是，由于宦官拥有比普通的大臣更大的权力，这导致朝廷内腐败横行。

王阳明所出生的时候，对于明朝来说，不啻内忧外患的时代。在外，有被逐出汉人土地的蒙古族因分裂为两个部落而形成的瓦剌和鞑靼，以及苗族等民族的入侵。在内，各地流贼蜂起，朝廷内恐怖政治横行。明朝即将走向衰亡。

第一章
立志修行时代

王阳明的诞生

王阳明，成化八年（1472）九月三十日出生于浙江省余姚县。余姚位于上海南部，名酒产地绍兴的东部。

王阳明名守仁，字伯安，谥号文成。所谓字是本名之外成年后起的别名，谥是死后为表尊敬而起的称号。阳明是号（雅号），源于会稽山山麓的石窟修筑的阳明洞，相当于现在的笔名。

会稽山的山脚，自古以来以风光明媚的山水名胜之地而闻名。因洞窟位于四明山之阳（南），所以被称为阳明洞。

王家据传始于晋朝光禄大夫（从二品的中国古代官名，主要掌管皇宫事务）王览。王览的曾孙即为有名的书圣王羲之（303—379），也就是说王阳明是书法方面堪称古今第一的王羲之的子孙。

王家世代为士大夫门第，家境富裕。其父名华（1446—1522），号龙山。龙山公是一位勤勉的高级官吏，官运亨通，后来官至南京吏部尚书（行任免文官之职的组织部部长）。明朝永乐帝的时候把都城从南京迁到了北京，但在那之后南京依然设有小型的中央机构。

龙山公自幼生性聪敏，是远近皆知的天才。17岁时他参加考试，才能被县令认可，称其"他日可为天下之状元"，因此被附近的富豪争相聘为子弟的家庭教师。状元是指在科举殿试中成绩最优秀者。

一位富豪得知消息，邀请龙山公住在自家宅院。

有一天夜里，富豪的美丽小妾来到龙山公的房间，说按照主人之意欲借他求子。小妾拿出扇子做证据，上面千真万确是这家主人的笔迹，写道"欲求人间子"（想要得到人的种子）。这家主人没有孩子。公在旁边写道"恐惊天上神"（不能惊动天上的神仙），把小妾赶了出去。

龙山公就是这样一位严谨耿直之人。

王阳明之母郑氏，怀孕14个月仍然没有要生产的迹象。一天夜里，郑氏的母亲岑氏做了一个梦，梦见天神身着绯衣于云中现身，击鼓吹笛，从天而降，送给岑氏一个婴儿。岑氏刚从梦中惊醒，就听到婴儿诞生的啼哭声，王阳明出生了。听闻这个不可思议的梦境后，祖父竹轩遂为婴儿取名为"云"。以后，街坊邻居把王阳明出生的家称作"瑞云楼"。令人意想不到的是，作为王阳明两名高徒之一的钱德洪于二十多年后也在此楼出生。

王阳明主要是在祖父的关爱下长大的。祖父名伦（1421—1490），号竹轩，是一位生性喜欢竹子，以抚琴、吟诗、作画为乐的热爱艺术的名士。

关于王阳明的母亲郑氏，虽然没有详细的记载，但据说她是一位甘于贫苦，能早起打水、淘米、纺线，尽心伺候公婆，丈夫王华当上高官后仍能恪守质朴生活的妇女。

少年时代的王阳明

王云到了5岁仍不会说话。

有一天，王云在和附近的小孩子们玩耍的时候，有一名高僧路过，摸着他的头说："这是个好孩子，可惜道破。"所谓道破，即说出来之意。也就是说神仙托梦的内容不可泄露给他人，但却给孩子起名为"云"，等于向人们泄露了天机。听闻此言，祖父为他改名为"守仁"，随后他开始开口说话了。8岁的时候，他把祖父此前出声朗诵过的书本都默记了下来。

祖父觉得不可思议，就问他，小王阳明回答道："祖父您读书的时候，我听到就背了下来。"

成化十九年，王阳明10岁的时候，父亲在科举进士考试中夺魁，在北京也就是当时的京师谋得官职。龙山公希望把父亲竹轩翁接到京师供养孝敬，于是在第二年，王阳明由祖父带着，前往父亲居住的北京。

途中，他们参观了因风光秀美而闻名的镇江金山寺。祖父正要饮酒作诗时，王阳明当即吟诵出一首《金山寺》。

金山一点大如拳，打破维扬水底天。

醉倚妙高台上月，玉箫吹彻洞龙眠。

在场的人们无不惊叹，又让他做了一首《蔽月山房》诗，王阳明也随口诵出，堪称佳作。祖父遗传的作诗的爱好在王阳明的身上也尽显出来。自此，王阳明一有机会就创作好诗，留下为数众多的诗词文章。

上述的《金山寺》一诗，也叫《阙题》，是为后人所熟知的王阳明的代表作之一，但最厉害之处在于王阳明年仅10岁便能即兴吟诗。可见王阳明从小就具备成为一名优秀诗人的才能。

王阳明在北京开始上私塾学习。有一日，他问父亲王华："何谓第一等事？"王华答道："只有读书科举考试及第。"王阳明说："我认为第一等事恐怕不是读书登第，应该是读书学做圣贤。"所谓圣贤，是指孔子、孟子那样的圣人或贤者。

父亲为王阳明的理想主义而苦笑。当时作为官学而备受推崇的朱子学，也仅仅是为了科举所设立的学问，逐渐丧失了生命力。

尽管如此，只要考上进士（乡试、会试、殿试三阶段全部合格者），就会当上高官，享有很多特权或优待，所以士大夫们让家里的男孩从四五岁开始学习经书。所谓经书是指"四书五经"。四书是指《大学》《中庸》以及记录先哲言行的《论语》《孟子》这四本儒学派经典。五经是指儒家学派所遵从的《诗经》《尚书》《春秋》《礼记》《周易》。为了科举及第，必须刻苦勤奋地学习，把这些庞大的书籍都背下来。

孩子王

王阳明虽然是士大夫家的孩子，但很喜欢玩打仗的游戏。尤其仰慕后汉时期平定交趾大乱，建功立业的著名武将马伏波（别名马援）。马伏波淡泊名利，在年轻的时候放走年迈无辜的囚犯，把放牧所得利益都送给用人，素以侠义著称。

王阳明装成英雄马伏波的样子，溜出私塾，跟附近的小孩子们玩打仗的游戏。每次他必当孩子王，让很多小伙伴举着旗帜，"向右转！向左转！前进！集合！"向小伙伴发号施令。

但是每次父亲都勃然大怒，斥责他"吾家世代为学者家风，勿那般模仿武人"。

在中国，士大夫与武人是完全不同的职务类别。没有文化知识的武人，只是单纯的军事打仗的专家，社会地位较低。总之，在中国或朝鲜自古就有"重文轻武"的思想，文与武是分裂的。

王阳明的父亲之所以盛怒，并不仅仅是因为王阳明从私塾逃学，而是因为从文人的立场出发厌恶打仗游戏。

在中国还有一种奇妙的风习，只在文人当中盛行。当然，这种风习已经随着时代的发展被废弃掉了，但在当时，文人都有留指甲的习惯，手指甲留有3~5厘米长。大家看看逃亡到日本的朱舜水的画像就能一目了然。反过来说，因为是文人，所以不用做杂活儿或者体力活儿。当然，他们也不会使用刀或弓箭。

在这一点上，跟以文武两道思想为最理想方式的日本的武士阶级有很大不同。进一步说，这也是在中国诞生不了"武道"或"武士道"的原因。

从江户初期，阳明学在日本被接受的理由之一是，对掌握日本政权的武士阶级来说，文武兼备的王阳明正是一个绝好的样板，完全符合日本武士的理想形象。

王阳明十三岁时，母亲（享年41岁）去世。这对王阳明的打击巨大，之后祖母岑氏接手抚养他。

但是父亲还有一位小妾杨氏。小妾并没有好好照顾王阳明，经常欺负虐待他。

于是王阳明想出一计。有一天他买回来一只猫头鹰，并且给了年迈的神婆五钱银子，和她串通好。回到家后，他把猫头鹰藏进小妾的被褥里。

过了一会儿，小妾回屋掀开被子，猫头鹰从里面飞了出来，在屋内边叫边飞。小妾大惊失色，把猫头鹰从窗户赶了出去。但当时人们讨厌房间里飞入野鸟，而且把看见叫声难听的猫头鹰视作晦气。

王阳明从小妾那里听说了这件事，便建议她去询问神婆。小妾派人去请神婆，神婆一入门便说家中气氛诡异。小妾讲了被褥里有一只奇怪的猫头鹰的事情，神婆便说要把这件事报告给家神，让小妾准备香和蜡烛跪拜祈祷。神婆求一张纸币，把它点燃后装成去世的王阳明之母郑氏神灵附体的样子，说道："你对吾儿不好。我会向天庭报告，取你性命。怪鸟显现，就是我的化身。"

小妾吓得跪下不断地磕头认罪，发誓以后再也不欺负王阳明了。神婆恢复神色后说道："刚才我遇见先夫人了。她非常生气，化成怪鸟要取你性命。幸亏你悔改，先夫人原谅了你，现在终于飞上屋檐离去了。"

据说从此以后小妾再也不敢对王阳明不好了。长大后的王阳明在权谋交织、腐败盛行的明朝政府内生存下来的智慧，由这一事件也可见端倪吧。

少年时期的王阳明，与其说聪明认真循规蹈矩，倒不如说他是一个性格活泼，自由奔放的机灵的孩子王。此外，还有一种说法，上面这个故事中的女性是后来成为正妻的继母赵氏。

在此，为了王阳明的父亲的名誉，我要简单介绍一下中国人的纳妾制度。中国的普通老百姓是一夫一妻制。但那仅仅是因为普通百姓没有纳妾的能力。像王阳明的父亲这样的士大夫，为了不断绝继承家业的子孙后代，普遍都纳妾。为了不以无法生子为由被夫家休妻，《大明律》（法制史上与《唐律》并列同等重要的明代法典）中明文规定，妻子年过40岁的话可以纳妾。

但是，当时的结婚并不注重本人的意愿以及喜好，所以得不到满足的那部分则通过纳妾来实现，这已成为当时的普遍状态。此外，也作为有价值的男子的象征，为了在人前显示自己的尊贵的地位不得不纳妾。

王家的家庭关系稍有些复杂。王阳明是郑氏所生的长子，但次子守俭是杨氏所生，三子守文是赵氏的孩子，四子守章是杨氏的孩子。长女是赵氏的孩子，后来嫁给王阳明第一个弟子徐爱。

朱子学时代

从十五岁开始到三十四岁左右大约二十年间，王阳明历经了被称为"五溺"的精神历程。所谓"五溺"是指王阳明在真正确立圣学之前沉湎于五个方面，分别是抑强扶弱的"任侠"，武道、兵法的"骑射"，文学的"辞章"，追求长生不老炼丹成仙的"道教"，以及"佛教"。

在这期间，王阳明也研究了朱子学，但无论如何都不喜欢，所以他在迷茫期间不断进行各种体验。这些体验成就了支撑王阳明的人生或哲学的骨架，也让王阳明在后来得以汇聚各种各样的弟子。王阳明之所以能够接纳他们，并且能够构建更丰富的人际关系得益于"五溺"时期所积蓄的话题的宽广度以及经验的丰富性。

那么在这里，我要简单说明一下朱子学。所谓儒教，是以孔子（公元前551—公元前479）的人间学、社会学、形而上学相关的教诲为中心的中国传统的思想。继承并进一步深化孔子思想的就是南宋时代登上历史舞台的朱子（1130—1200），人们把他的思想称为"朱子学"。朱子以从北宋思想家们继承的自然哲学为基础，是一位为宏大的儒学体系化而贡献力量的思想家。

朱子学重视《论语》《大学》《中庸》《孟子》，以这四书取代此前被奉为圭臬的五经，因而得到后世很高的评价。五经是用古语编写的，极其艰涩难懂。它是孔子亲自规范，并且作为教导弟子的教科书而采用的古典著作。而另一方面，四书是由继承孔子衣钵的后继者们阐述的较为浅显易懂的儒学教义。也就是说，朱子把以孔子为规范的简单的经典作为教科书，这当然促进了儒学的大众化。

朱子的思想主要以研究四书为中心，站在理性、客观的立场，认为宇宙中充满形成万物的"气"，"理"是事物的规律，给"气"的运行带来秩序。

除了被称为朱子学教科书的四书、小学（按照朱子的指示编写的教训书）以外，有名的是《近思录》。这本书不仅是明朝的士大夫，也是朝鲜李氏王朝的文化人或者江户时代的武士们的必读书，对武士道的形成具有深远的影响力。而且，西乡隆盛也十分爱读，时至今日仍然有很多日本人在读此书。

《近思录》一共十四卷，是朱子四十六岁时从周敦颐（濂溪）、程颢（明道）、程颐（伊川）、张载（横渠）等人的著作中面向初学者精选出六百二十二条编撰而成。

而且，这本书还有一位叫吕东莱的合著者。他努力调停意见相左但彼此互敬的朱子和陆象山二人的关系，是一位值得特书的人物。在本书开头提到的"鹅湖之会"大型辩论，策划人便是这位吕东莱。淳熙二年（1175），于江西省铅山的鹅湖寺，两位伟大的思想家进行了为期三天的激烈辩论，但最终结果却是互不妥协，不欢而散。彼时刚刚完成《近思录》的朱子四十六岁，陆象山三十七岁。十三年后，二人通过书信再次展开了辩论。这场大约八百年前举行的辩论会，可以说是具有划时代意义的历史性的活动。

能够与朱子和陆象山的这一大型辩论会相匹敌的，便是1985年2月在西德阿尔高地区阿克博格举行的那场辩论会吧。那场辩论会双方都是当今德国的代表性人物，他们分别是艺术家约瑟夫·博伊斯（1921—1986）和作家米切尔·恩德（1929—1995）。博伊斯作为代表欧洲的艺术家为人熟知（同时代的代表美国的艺术家则是安迪·沃霍尔），恩德凭借其代表作《毛毛》《永远讲不完的故事》而闻名于世。

他们两人的辩论会在很多人的期待中得以实现，但这场以"艺术与政治"为主题的划时代的辩论会最终无果而终。正如朱子与陆象山共有一个儒教的基础一样，他们二人也都信奉鲁道夫·施泰纳的人智学，支持"绿党"的活动。尽管在思想上有共通的基础，但他们仍不欢而散，令人遗憾。

十七岁结婚

孝宗弘治元年（1488），王阳明十七岁时，娶江西布政司参议诸养和之女诸氏为妻。王阳明的父亲想要早点让他成家（在当时一般男子二十岁，女子十五岁结婚）。

之所以如此，是因为像前面讲的那样王阳明不像个文人，而是一名仰慕名将马伏波的血气方刚的青年。

十五岁的时候，王阳明曾在父亲友人的陪伴下赴关外考察，去了北京西北方的军事重地居庸关、山海关等地。他到访过危险的异民族居住的部落，和年轻人比赛骑射，研究防御对策等，过了一个月左右才回家。

并且，就在那个时候，各地或洪水泛滥，或旱灾频发，盗贼猖獗，叛乱四起，让官军大伤脑筋。政府军软弱无能，连偷盗官家粮仓的盗贼都抓不到。

听闻这些事情，王阳明十分焦急，便向父亲提议："儿欲与父亲大人的众门生一起向朝廷上书请奏，效仿汉代终军年仅二十岁主动请缨征讨叛军的故事，愿借得一万士兵征伐盗贼，以靖海内。"

父亲听完极为担心，说道："守仁你是疯了吗？你那不过是书生的狂妄之言，徒去送死而已。"

遭到父亲的训斥，王阳明不得不放弃上书的想法，但他期待日后有所作为，便愈加专心读书。

其实，王阳明并非仅仅只是血气方刚的青年。比如，他热衷于书法的练习，注重书写时的心理准备。他说："吾作字甚敬，非是要字好，只此是学。……随时随事只在心上学，此心精明，字好亦在其中矣。"

"敬"即尊敬、虔敬之意。从这一时期就能够看出其后来思想绽放的一斑。

王阳明的书法，愈到晚年愈有味道，评价很高，在日本东京以及京都的国立博物馆能够看到。

就在江西省南昌举行结婚典礼的当天（还有一说是婚礼后的某一天），王阳明出去散步，不知不觉地走进道观铁柱宫内。那里有一位被称为"无为道者"的九十六岁老道士正在打坐。王阳明向这位老道请教了老庄之道和导引之术。第二天清早，家人来寻，王阳明已经和道士相对打坐了一夜。导引之术是道教的一种修炼方式，是一种将宇宙之气引入体内，配合呼吸，运动身体，实现延年益寿的柔软体操。它也可以说是现在流行的"气功"的起源。

关于这件事，有一种说法是王阳明不满意结婚对象故意躲了起来，还有一种说法是他另有喜欢之人。这些说法今天难以考证，但对于这一时期的王阳明来说，他十分敬仰侠义之士马伏波，没把女性放在心上却也是实情。

翌年，十八岁的王阳明经历了与朱子学的硕学印象深刻的见面。他携新妇一起返回余姚，途中顺道去了广信府（江西省），拜访了当时六十八岁的大儒娄谅（1422—1491，号一斋）。

娄谅是朱子学者大儒吴与弼的高徒。从当时的朱子学

《王阳明家书》第三封后半部分

者来看，吴与弼（1391—1469，号康斋）可以说是个另类。他认为为了科举考试背诵经书毫无意义，也不把出人头地当作人生的目的。他注重实践，认为正是在贫困中才能修身养性。他能忍耐贫苦，和弟子一边农耕一边讲学，是一位与众不同的学者。当然，娄谅也是不拘于理、注重自由思索与实践之人。后来，清朝阳明学的代表性人物黄宗羲说："王阳明的学问，起源于一斋（娄谅）。"

娄谅的门下有一位令明朝儒学为之一变、学术声望很高的陈献章（1428—1500，号白沙）。献章主张回归自然，憎恶唯理智论形式主义的朱子学。他模仿坐禅导入静坐等,深受佛教影响,也可以说是阳明学的先驱。

这个时候从娄谅学到的宋代儒家的"格物致知"的学说、"圣人必可学而至"这句教诲对后来的王阳明思想的形成产生了巨大影响。对于很早以前就立志成为第一等人——读书学做圣贤的王阳明来说,竭尽全力致力于学问的娄谅的这句话让他深受启发。从那以后,王阳明正式立志研究朱子学,目的不在科举,而是为了做圣贤。

二次会试落榜

十九岁(一说二十一岁)的时候,深爱王阳明的祖父竹轩去世了。

此时的王阳明知晓了朱子学(准确地说是程颐,号伊川)以下的理论。

"众物必有表里精粗,一草一木,皆涵至理。"

无论一杯一草一水一石,自然界里存在的一切都是由"气"产生的,汇集"气"形成杯子、形成小草的则是"理"。用艰深一点的话来说,就是"气"产生各种现象,而在"气"的背后支配它的则是"理"。也就是说,支配现象的本质的"理"是必然存在的。

朱子学主张世界是由理和气、精神和物质对立的两种构成原理形成的。

为了实践这个理论，王阳明从院子里取了根竹子，和朋友两个人一起观察思索，试图找到竹子中的"理"，但过了一周什么都没有发现，还患上了神经衰弱。

由此可见王阳明无论对任何事都抱有实证的态度，不论是训诂、记诵（背诵经典的解释）的学问，还是书桌案头的知识，自己心里不信服的话就不满足。

弘治六年（1492），王阳明二十一岁，通过了浙江省的乡试，获得了举人的资格。这是迈向高级官吏的第一步。乡试的第二年，在京师举行全国举人参加的会试（合格者称为进士）。

这年乡试的时候，发生了一件不可思议的事情。考试持续了三天。半夜，在考场突然出现了一个穿红衣一个穿绿衣的两个巨人，东西相向而立，大声说道："吾三人必成大事。"说罢，两个巨人就消失了。

这件怪事的寓意后来得以揭晓。三人指的是此次乡试同榜中举的王阳明、孙燧和胡世宁。宁王朱宸濠起兵叛乱的时候因直言被杀的是孙燧，胡世宁发现宸濠的谋反迹象后冒死上书，王阳明最后率兵平定了叛乱。

三人的功绩后来得到承认，人们修建祠堂来祭奠他们三人。也就是说，这个故事预言了此三人后来会为平定宸濠的反叛做出贡献。

二十二岁时，王阳明在科举考试会试中落榜。科举每三年只举行一次。但是，当时的宰相、文坛的中心人物、诗人李西涯（东阳）十分钦佩王阳明的才能，说："汝今岁不第，来科必为状元（第一名的成绩）。"

受到众人的夸奖，王阳明想必志得意满。

为了参加下一次考试，他进入了北京的大学，但二十五岁的时候又一次落第。不过，这次落榜似乎不是因为成绩不好，而是被高官所妒忌。有一些心怀妒忌的高官认为，才华横溢、被誉为天才的王阳明一旦状元及第，那一定会给自己造成很大威胁，所以才会从中作梗。

作家陈舜臣在他的著作《中国任侠传》里描述了具有"侠义之心"的人物故事。但在当时，在这些一流的文人之中，具有侠义之心的人物并不存在。前面提到的李西涯就是一个在宦官刘瑾弄权跋扈之时，明哲保身，一辈子死守阁老地位的人。王阳明不喜欢明哲保身的高官，而高管们也不喜欢王阳明。

此时王阳明安慰落榜而苦恼的友人说："世人都以落第为耻，我倒以因为落第而内心动摇为耻。"

这绝非嘴犟不服输。王阳明的优秀已为高官们所周知，并且那些考试试卷的评价也看不出任何价值。越是这种时候，越应该克服内心的动摇，不让外界事物左右自己的内心，应该坚定内心，努力修行。晚年的王阳明或许会为自己添加这几句话，但实际上早在这个时期，王阳明就开始尝试内心的修行了。

在那之后,他回到余姚,学习诗文的同时也热心研究兵法。王阳明虽不是一介武夫,但如此热心学习骑射、兵法,也是有原因的。

当时,异民族的入侵频频不断,朝廷需要统率大军的有能力的武将。但是,当时武人的录取考试能够得到的不过是一些舞枪弄棒之士而已。

因此,王阳明自学,研究了《六韬》《三略》《孙子》《吴子》等兵书。在宴会上与宾客用手边的水果摆成阵形取乐。后来他率兵屡战屡胜,也是平时扎实努力的结果。

二十六岁时王阳明再次进京。

二十七岁时又重新开始学朱子学。但是立即发现"物之理与我的心是分别两件事……",为此再次患上神经衰弱。王阳明深刻认识到,要想成为圣贤还需要相应的力量。他再次体验到挫折感。

王阳明努力实践朱子学,但是苦恼于心和理不一致。内心不认同的话就觉得不舒服。但王阳明对于朱子学的这种不断反复摸索的体验,成为其日后悟道的契机。

会试及第与跟疾病斗争

二十八岁时王阳明终于以优异的成绩通过了第三次会

试,并且在接下来的第三次考试殿试中也取得了很好的名次,进入了官场,在观政工部(相当于今天的建设部)实习,从事监督陵墓建造的工作。

为了更合理地使用壮丁,王阳明采用"什五法",每五人或十人编成一组,让组员负有连带责任。他还抽空组织壮丁试着演练据说是诸葛孔明发明的"八阵图"(按八卦的方位设置的阵形)。由此可见,王阳明不单单是努力读书之人,也是注重实验、追求实证的人。

有一天,在去往建造威宁伯王越的陵墓的途中,王阳明坠马,导致胸部受伤吐血。原本他出行应该乘轿子,走山路时使用近马(搬运木材的木马),但他选择骑马,目的在于练习骑马的技术。但是,这次坠马受伤落下了日后肺病的病根。

王阳明身体健康欠佳,一生都不得不跟宿疾作斗争。流传至今的几张肖像画中有一幅画脸颊消瘦,眼窝凹陷,简直就是一副瘦弱病人的样子。

弘治十三年(1500),王阳明二十九岁,被朝廷任命为刑部云南清吏司主事。国家政务混乱,当然司法官也变得繁忙。王阳明白天忙于繁重的公务,夜晚读五经或秦汉时期的古书,创作诗文。父亲担心他的健康,甚至严禁在书斋放灯。即便如此,王阳明仍耐心等父亲睡着后再进入书斋看书。

三十岁的时候，王阳明终于因过度劳累而咯血，患了肺病。从此之后，他饱受该病反复发作之苦。当年秋天，他身体好转，转赴新地任职，热爱自然的王阳明自然停不下攀登茅山、九华山的步伐。由此留下祸患，大病一场，不得不在故乡疗养了两年。

王阳明以此病为转机，迷上了"神仙"道教养生。

王阳明尊敬的陆象山、日本阳明学的鼻祖中江藤树、大盐平八郎、林良斋等也都疾病缠身。关于生病，著名心理学家、荣格派心理治疗专家拉塞尔·洛克哈特曾经说过："很多人在最初并不能充分地发挥自己潜在的独特性。但是很多得过病的人却以生病为契机开始走上自我实现之路。为了发现自己尚未走过的人生之路，身体是有必要患病的。大概癌症（以及其他的所有病）是为了塑造更高尚的人格的一种尝试吧。病把人格逼到生命的极限，这时你才会发现自己从未意识到的人生意义和目的。

"荣格说：'生了病才明白肯定自己的人生是何等重要。'荣格自己也承认，他在生病后才充实了最富创造力的工作。（中略）生病打开了通往个性化的道路。通过生病，意识才被带到了自己的灵魂深处。"

学习仙道和佛教

王阳明在会稽山（一说为四明山）山麓修建了阳明洞作为修炼的场所，也有说法不是洞窟而是开设了阳明书院，总之在这里以治病为目的学习道家所用的导引术（呼吸法）。这就是先前叙述的五溺之一的"神仙"之道。

所谓神仙思想，是指尊老子为鼻祖、追求长生不老的道教和跟儒家相对立的老庄思想。如果说把儒教当作"表"的话，那么道教的神仙思想则可以称得上是"里"，它们是中华思想的经线或纬线。道教是在中国本土创立的唯一的民间宗教。王阳明这一时期读的道教书《悟真篇》（有儒释道三教一致的倾向）成为日后觉醒于禅的契机，据说王阳明在这个时期拥有了预知能力。

有一天，在洞中静坐的王阳明预知有朋友四人来访，命仆人出去迎接。仆人按照王阳明所吩咐的路线走，遇见了四人。

惊讶的四人问王阳明是用什么方法预知的，王阳明笑着答道："那只是让内心清净的缘故。"

这句话也能显露出阳明学的萌芽。

不久，王阳明掌握仙道的声名鹊起。在他三十二岁的时候，会稽烈日当空，持续干旱无雨，人们央求他施祈雨之术。王阳明用儒家之法祈雨，果然大雨连续下了十天。

其实在阳明洞，他进行了更为宝贵的神秘体验，在此我将原文兹录如下：

> 尝于静中内照形躯如水晶宫，忘己忘物、忘天忘地，与空虚同体，光耀神奇、恍惚变幻，似欲言而忘其所以言，乃真境象也。

在世界各处，都记录了很多这种神秘的体验。据说现代印度教圣徒罗摩克里希那等人，也多次体验"三昧"即神秘的法悦状态。

但是，即使有了这些体验，王阳明也不满足。不过这种与宇宙万物一体的体验却给后来的"万物一体之仁"说带来很大影响。并且，他在获得超能力的时候，也明白了人性的进步与心灵的问题是两个不同的问题。

王阳明期望自己成为圣贤，而且是人格健全的人。除此以外，想不到还有何种能让他的心灵得到满足的方法。

"此播弄精神，非道也。"王阳明悟到这一点后就停止了修炼仙道。

在成为圣贤的修炼过程中，作为副产品，如能获得某种超能力，那也不坏。不过，如果仅是为了掌握超人的能力而痴迷修行的话，除了能满足好奇心以外别无好处，只会陷入以为掌握了超能力就了不起的错觉。结果，你将落入傲慢的陷阱，高傲自大，看不起别人，如此你就与圣贤之路渐行渐远，内心的饥渴依然得不到满足。

对于儒学家的使命的觉醒

此后，王阳明迷恋上了佛教开始静坐。于是一些消极思想逐渐滋生出来，诸如世间苦恶丛生，没有生存价值，包含人际关系在内的世间一切都烦不胜烦，等等。王阳明想要远离尘世，躲进深山，一个人安静地生活，专心修行，这种想法日益强烈。

但是，一想到年过八旬的祖母和父亲，脱俗的意志便动摇了。

对于想要解脱、远离尘世的渴望和对祖母与父亲的割舍不掉的人间亲情，这两种思想纠葛让他十分痛苦，不久王阳明终于顿悟。"此孝悌一念，生于孩提。此念若可去，断灭种性矣。"

佛教之道是要求人们割断亲情出家。但儒家主张"仁""孝"这种价值观。原本儒家思想就是注重人情的。

这个时候他得到了肯定人类情感的"良知"学的灵感。这种想法与朱子学的基本思想是一致的。

朱子学主张"佛教的出家剃度无视人伦"。但王阳明并不是因为朱子这样说过，或是书中这样写才得出这样的结论。不惜与亲人割断感情进入圣域追求悟道，并且不从事任何社会性以及生产性的工作，他领悟到自己无法达到这种佛教的要求。

但是王阳明并不排斥佛教。因为他认为明显区分儒家、佛教和老庄思想，具有排他性的是小道，包容一切主动地发挥它们的特色才是大道。

王阳明在追求真道、真圣人的过程中，虽然从儒家看来滑入到"五溺"的异端，但他从儒学中找到了通往真正之道的可能性。也就是说，他在儒学家的使命上觉醒了。

之后，王阳明有了对现世的入世意欲，投入到南宗禅的研究之中。原本朱子学其本身也是受佛教、道教的影响才形成体系的。尤其是与朱子同时代的禅宗大师大慧宗杲主张"心术为本，文章学问为末"，给朱子、陆象山等当时的官僚知识分子们以很大启发。

身负一名儒学家的使命，想要入世有一番作为，身心健康是不可或缺的，因此王阳明移居到钱塘江畔的西湖。王阳明（三十二岁）在这著名的山清水秀之地，拜访了名寺古刹的多位得道高僧。

有一日，他去拜访虎跑寺，遇见了一个为了参禅已经三年不曾开口说话，闭目养神、坐禅修行的僧人。王阳明瞅准参禅的时机大喝一声，问道："这和尚终日口巴巴说什么？终日眼睁睁看什么？"僧人一听这句话，立刻惊得睁开眼睛，站起来，询问理由。

王阳明继续问道："你是哪里人？离家多少年了？"

僧人答道："我是河南人，离家十多年了。"

王阳明问他家里可还有亲人，僧人回答说："只有一个老母亲，不知道是否安在。"

王阳明问："会不会想念老母亲？"

僧人回答："不能不念。"

于是，王阳明说："你既不能不想念，虽然终日不言，心中已经在说；跃然终日不视，心中已经在看。"

僧人听了不由得合掌，说道："檀越妙论，再望开示明白。"

王阳明说："父母天性，岂能断灭。你不能不起念，便是真性发现。虽然终日呆坐，徒乱心曲。俗话说：爹娘便是灵山佛。不敬爹娘，敬什么人？信什么佛？"

话音未落，僧人便大声哭起来，立刻起身，说："您的教诲太对了。拙僧明早就回家，给老母尽孝。"

第二天一早，王阳明再次拜访的时候，那位僧人已经还俗回乡了。

立志的诉求

王阳明三十三岁时，身体康复，接获山东的邀请出任乡试的主考官。山东是孔子的故乡，儒学的发源地，王阳明平素向往的地方，这次能去孔子的故乡令他喜出望外。乡试录（报告书）全部是王阳明亲手书写，清晰地阐述了他的见解。比如，圣贤之学即是心学，注重体验实践，等等。

这一时期，王阳明为程颢（号明道）的学说所倾倒。程颢奉周敦颐为师祖。

周敦颐被称为周子，死后过了相当长的一段时间才被朱子承认，其学说成为朱子学宇宙论的基础。周敦颐主张世间万物只有人才是最优秀的，同时拥有肉体和精神，他甚至还主张"无论谁只要学习都能成为圣人"。

程颢则说："仁者集天地万物于一体。"

王阳明后来以程颢的思想为基础强调"万物一体之仁"。

同年九月，王阳明复职，被任命为兵部武选清吏司主事（负责武官考试），时隔四年回到都城（北京）。这是因为他的国防论等被朝廷所认同。

王阳明在三十四岁（弘治十八年）的时候，开始强调"立志"的重要性。他主张"立必为圣人之志"，在王阳明的门下开始聚集越来越多的门人。

《传习录》上卷，对于立志，进行了如下解释。

只念念要存天理，即是立志。能不忘乎此，久则自然心中凝聚，犹道家所谓"结圣胎"也。

换成现代的说法就是平时念念不忘饱含激情地去努力，只要这样，日子久了，爱自然就会在心中确立，即便无意识也能散发爱。在做饭的时候，或扫除的时候，都必须饱含心意，不能机械地做事。

凭借着记忆力、文章力，科举及第，晋升高官，这并不意味着能实现儒家的"经世济民"的理想。王阳明主张读书人要学孔孟，做对天下有用的人才。

有很多人沉迷于文章、记忆，而无心于让自己身心得到锻炼的学问。因此，他们对于王阳明的新主张，有的侧耳倾听，有的则斥之为沽名钓誉。

弘治十八年（1505），王阳明与湛若水（1466—1560，号甘泉）结下了毕生之交。若水此时四十岁，是比王阳明大六岁的翰林院庶吉士。翰林院是担当起草诏书等职责的知识分子官僚聚集的重要机构，他们还为皇帝讲学。能无条件进入翰林院的人仅限于科举及第的头三名。在尊文崇儒的明朝，像若水一样成为翰林院学士是文人的人生理想。

此外，若水还是陈献章的高徒。献章主张"自得之学"，他说"人必须向圣贤学习，但最终要抛弃掉从他人处学习的态度"，"学者不是在书中而应该在内心求得事物的道理"。

这一思想，让人想起了后来的王阳明。前面说过，王阳明对朱子学深受启发的契机便是与娄谅相会。娄谅的门生便是若水的老师献章。也就是说若水与王阳明属于同一个思想圈。但是，若水跟王阳明不同，他与朱子学的交锋态度不够坚决。那也许是与若水作为朱子学者位于超一流的地位有关。若水避开老庄、佛教，晚年把程明道之学更向前发展了一步，提倡"随处体认天理"。

第二章 受难与悟道的时代

流放龙场

王阳明三十五岁那年,十五岁的明武宗即位,是为正德元年(1506)。明武宗可以说是明朝历代皇帝中最愚蠢的一位,原因在于他从执政之初就把朝政交到了以刘瑾为首、被称为"八虎"的八个宦官手里。由于当时的特务机关东厂的掌权者是宦官,所以刘瑾树党操权,肆意妄为。例如在六部中的吏部、户部、兵部这三个非常重要的机构,刘瑾都安插了自己的心腹,不论是文官还是武官都被他把持操控,人事安排也由贿赂他的数额来决定。战败的将军也可以通过贿赂飞黄腾达。相反,即使是有军功的将领,如不给刘瑾送礼也会被罢免。这当然造成军纪废弛、军力弱化的严重后果。

对于以刘瑾为首的"八虎"的暴行,有刚正不阿的大臣提出不满,却接连被杀或入狱。南京的谏官戴铣等人对刘瑾一伙人的行为向明武宗进谏，却被关进监狱。王阳明觉得不能坐视不管，于是上书为他们辩护，称直言进谏是谏官的职责所在，把谏官投进大牢是极为不妥的行为。

王阳明弹劾当权者刘瑾一伙人的做法，惹怒了明武宗，他把王阳明打入大牢并处以廷杖四十之刑。所谓廷杖是在宫殿的台阶下，用杖（橡树做成的长1.5米、宽约15厘米、厚度大约5厘米的板子）责打官吏的一种非常残酷的刑罚，很多人都曾因受杖刑而死。而且，刘瑾让自己的心腹去现场监督，这让施刑的狱吏更加用力地杖打。王阳明被打得屁股血肉模糊，大腿骨折，一度昏厥过去。戴铣则被打了三十杖之后受伤过重死去。

王阳明被囚在十二月极为寒冷的监牢之中。他悲愤交加，在冰冻之寒中，泪湿衣衫，度过了无数个不眠之夜。

但是，他虽然身陷狱中，却一直在专心研读《易经》。《易经》不单单是一本占卜书，还是一本包含人生哲学的具有双重作用的奇书。《易经》产生于忧患，又教人如何面对忧患，身处忧患之中的王阳明对《易经》产生共鸣，原因就在这里吧。此后，王阳明和"易"的关系越发密不可分。后来，他在《传习录》中对"易"做了如下阐述。

卜筮是理，理亦是卜筮。天下之理，孰有大于卜筮者乎？只为后世将卜筮专主在占卦上看了，所以看得卜筮似小艺。不知今之师友问答，博学、审问、慎思、明辨、笃行之类，皆是卜筮。卜筮者，不过求决狐疑，神明吾心而已。《易》是问诸天，人有疑自信不及，故以《易》问天。谓人心尚有所涉，惟天不容伪耳。

不久，王阳明就被贬到贵州省龙场驿站做站丞（主管驿站事务的官员），实际上是被流放了。

王阳明的父亲龙山公当时在北京，任礼部侍郎（掌管礼乐、祭祀、贡举等活动的政府机关的次官），听闻此事后说："吾儿作为忠臣将名垂千古。吾意足矣。"王阳明不管陷入何等穷苦的境地中都宁折不屈，这与他在成长之中学习到了父亲的清廉息息相关。

次年，正德二年，王阳明出发前往龙场。但是，本就病弱，又加受杖罚的王阳明无法忍受长途旅行，于是为了养病，绕远路先去了家乡附近的杭州。在去龙场的途中遭到了刘瑾派来的刺客的追杀，他感到危机重重，于是佯装跳进钱塘江投水自尽，随后偷偷搭乘商船，不料途中却遭遇台风，就这样王阳明被大风刮到了福建海岸。

上岸后他沿着陆路行走，途中想要到一个寺庙请求借宿一晚却被拒之门外，无奈之下只好找个破庙过夜。那里好像是老虎的巢穴，夜里听到虎啸。第二天一早，僧人们见王阳明还活着，非常吃惊，说"君非常人"，将他迎进了寺庙。在这里，他与曾经在铁柱宫有一面之缘的道士不期而遇。他和道士曾经约定，二十年后在海边再会。王阳明向道士说明了自己的境况，道士告诉他如果就这样逃走的话，罪名会牵连到家人，英雄本来就是要经受磨难的。

于是，王阳明占卜了一卦，得"明夷"之卦。卦象显示太阳将落于地下，其意为在昏君的时代，贤明之人不能得志，要提防小人的谗言诽谤。最终，王阳明决定赴谪地龙场。

王阳明内心有感于道士的一番话，决意去龙场的时候，用毛笔在墙上写下这首诗：

泛海

险夷原不滞胸中，

何异浮云过太空？

夜静海涛三万里，

月明飞锡下天风。

王阳明接受了道士送的银两，然后敲响娄谅的家门，借宿了一晚，之后，登上了素有灵山之称的武夷山。又去南京看望自己的父亲，后回到钱塘，由此远赴龙场。王阳明的父亲也由于受到王阳明事件的牵连，被革去官职。也有一种说法是，王阳明父亲王华在调任南京吏部尚书的时候因为没有去拜会宦官刘瑾，才失势下台。这期间，王阳明的妹婿徐爱（1487—1517，号横山，字曰人）等人也拜入王阳明门下。但是，王阳明却让弟子们去跟随他的朋友湛若水学习，而自己又一次开启了新的旅程。

在龙场的生活

正德三年，王阳明三十七岁，拖着病愈不久的身子，带着三个仆人，历尽艰辛到达了贵州龙场。龙场位于贵州山区偏僻处，距离京城大约两千公里。那里的当地人为苗族，他们仍然过着穴居生活。王阳明一行人，语言不通，水土不服，荒夷山野又没有房屋可住。由于长途跋涉的疲惫和初到偏远山区的打击，仆人们都病倒了。为了不让他们患上思乡病或抑郁症，王阳明细心地照顾他们，为他们吟诗，开玩笑来逗他们开心，还为他们做饭菜。他砍柴，挑水，在当地人的指导下耕作。当然，对于作为文人的王阳明来说，这些事情全都是崭新的人生体验。

王阳明一行人，从只能遮蔽风雨的草屋，搬到了龙岗山的宽阔洞穴里居住。这一带疟疾横行，毒蛇出没，但硬要选择这里居住的最大理由是为了躲避刺客袭击。

这片土地上，也留下了与王阳明有关的不可思议的故事。

在当地人之间，素有杀中原人来祭祀神灵的风俗。然而，他们中的好多人都做了相同的一个梦，梦里的神灵告诉他们，来到此处的人是中原的圣贤之人，对他要尊敬，要听他的训诫。出于这个原因，当地人对王阳明一行人的态度突然变得亲切起来。

然而，真实情况大概是，在当时，中原的明朝和当地苗族是敌对关系，对苗族人来说，中原人是外敌。可是仔细观察来到这里的一行中原人，却总觉得他们是被贬到这里的罪人，为首之人似乎身份贵重，温润知理，这样一来，当地人也就放下心来，消除了戒备。

来到这样一个没有像样工作的荒蛮之地，没过多久，王阳明就逐渐了解当地人的方言，他也开始教当地人建造房屋的方法和学问。

当地人十分淳朴，极其开朗。虽然京师的官僚腐败不堪，肆意妄为，但边境的山野村夫却有着健康的人性。他们没有文化，但人性更纯粹质朴。当一个人不知不觉间抛开身外之物，舍去名誉、地位、教养等装饰，所呈现的就是本真的自我，王阳明由此学会了识人之法。

但是，王阳明仍然为失去了地位和名誉而苦恼。自己的学问和思想，在这里丝毫发挥不了作用，这使他终日焦躁，后悔不已。一方面要对迄今为止的修行进行彻底的反省，另一方面还担心自己不知何时会被刘瑾的刺客所杀。

王阳明如是回忆道："自计得失荣辱皆能超脱，惟生死一念尚觉未化。"王阳明深切地感到，对于死亡的畏惧，生死问题，才是人生最大的问题，更是做学问的根本问题。

"人生最重要的是克服对死亡的恐惧。"自从王阳明认识到这一点，就明白了画地为牢、自我封闭、与自然和他人对立、把自己与他人进行比较、竞争等这些事情都是毫无意义的，同时他也感受到了"由宇宙一体化所带来的精神层面的体验"。

龙场悟道

王阳明三十七岁时，制作了一个石凳（也有说法是一口石棺），他日夜静坐在凳子上悟道。一天夜里，在梦影绰约之间，"好像有谁在说话"。

根据明末墨憨斋（别名冯梦龙）所著的《王阳明出身靖乱录》记载，王阳明在领悟"格物致知"的时候，梦见去向孟子请教。

在那个梦里，孟子为王阳明亲切细致地讲解了"良知"这一章节。

由此，王阳明便领悟到了朱子学中所谓的"格物致知"的真实含义。

朱子学对《大学》里的这句话是这样阐释的。

世间万物都存在着"理"（天理），而所谓"格物致知"就是"接触事物，追求真理"。"致知"是对知识的追根究底，对"天理"的不懈追求；"格物"便是致力于研究一切事物中存在的知识。也就是说，穷尽一切事物中存在的天理，获得其中的知识，这便是"格物致知"。

然而，王阳明领悟到，"格物"这一修行，仅仅关乎自己的内心。因为"格"本来有"改正"的读法，王阳明把"格物"理解为"改正事物"。即，"格物"是指改正自己内心的不正，"致知"则是指发挥孟子所云的"良知"（仁爱）。

据说王阳明忽然顿悟，喜不自胜，情不自禁地呼跃而起，甚至吓到了他的随从。

> 圣人之道，吾性自足，向之求理于事物者，误也。

根据王阳明的说法，本性是存在于自己内心的。也就是说，向身外之物去找寻天理是错误的，因为圣人之道已存在于自己的心中，这是一种对于真理的自我察觉。道理在我心中，圣人之道在我心中，这种思想即是赋予内心最大的权威。这构成王阳明后来主张的"心即理"的思想基础。这与朱子学的思想是决然对立的。

朱子学非常重视圣贤的教诲。这里的教诲指的是，《论语》《孟子》《大学》《中庸》——即"四书"中所记载的思想。但是，王阳明重视的是自己的内心世界。王阳明详细地记述了他这个时期的体会。

> 其或得之也，沛乎其若决，了乎其若彻，菹淤出焉，精华入焉，若有相者，而莫知其所以然。其得而玩之也，优然其休焉，克然其喜焉，油然其春生焉。精粗一，外内翕，视险若夷，而不知其夷之为阽也。

到了晚年，他又反复讲述，当时是"赖天之灵，偶复有见，诚千古之一快!"。

然而重视天理和经书的朱子学，绝对不会认可"天之灵"之类的说法。通过这一点，就能明白这并不是单纯的思维的变换，而是一种纯粹的、具有宗教性质的神秘体验。伴随着意识的变革，当中蕴含了超出一般人所能体验到的内容。

自己和他人、内与外的界限消弭，融为一体，并且意识到自己和宇宙万物是一体的。但是王阳明的领悟还不止于此。实际上，他甚至领悟到了有关于生死的问题，并得到了解脱。他的这种领悟很难用语言表达出来，但硬要说的话，应该是体会到了"杀身成仁"这一儒学的真谛吧。前面所说的关于"格物致知"的思想，是王阳明领悟到的可以用语言表达出来的部分。这就是世人所称的"龙场悟道"。

王阳明立刻把他悟到的内容，与之前背诵的五经作了对比。因为思想惊人地一致，于是他就写了《五经臆说》。这不是一本五经的注释书，而是通过五经阐述王阳明自己的思想之作，并且是他对朱子学进行批判的第一步。这也是王阳明一生唯一的著作，但是这部著作并没有以完整的形式留存下来，现在只保留十三条。

像这样将自己的体验和领悟立刻与儒教经典进行对照，这正是王阳明实证主义的特色之处。他并不是完全不承认外部的权威，而是把权威置于自己的内心。哪怕是圣贤的教诲，也需要自己的内心去承认。

"理在心中"，我认为可以参考《五经臆说》来理解这句话。

> 元者，始也。故天下之元在于王；一国之元在于君。元也者，在天为生物之仁，而在人则

为心。……则人君者，尤当洗心涤虑以为维新之始。……人君改过迁善，修身立德之始也；端本澄源，三纲五常之始也；立政安民，休戚安危之始也。

王阳明不仅在被贬往龙场的途中，就连在狱中或后来谪戍期满离开龙场前往卢陵赴任的时候，都始终埋头于研究《太极图说》。这部作品可以说是宋代中期周敦颐易学的精髓，用二百四十九字的文章以及图片将通过易学体会到的圣人之道做了精要阐释。王阳明的龙场悟道很大程度上也是受到了易经的影响。

各位读者，如果你把《易经》当作一种古代文化遗产，那就大错特错了。在当今社会，计算机令我们备受恩惠。人称"计算机之父"的德国哲学家莱布尼茨（1646—1716）就是受到《易经》的启发而发明二进制计算法的。二进制计算法构成了计算机计算方法的基础。也就是说，计算机是在中国人三千多年前就开始使用的易经体系中产生的。

另外，莱布尼茨还给予儒学极高的评价，是将儒学介绍到欧洲的第一人。而莱布尼茨的继承人克里斯蒂安·沃尔夫（1679—1754）则在十八世纪的欧洲掀起了一波"儒学热"。

提倡"知行合一"

王阳明和当地居民熟悉了之后,还在这里修建了龙岗书院和何陋轩。而位于龙场的龙岗书院正是阳明学发祥的圣地(龙岗山洞窟、龙岗书院、何陋轩等在"文革"中免遭破坏,至今仍保存完好)。

一日,来访的贵州省思州太守的差人侮辱王阳明,激起公愤,发生当地百姓殴打差人的案件。

太守向官府提出了诉讼,时任宪副(按察副使。相当于现在司法部副部长)的毛应奎劝王阳明"到太守的官署去叩头赔罪"。

但是,王阳明却没有回应,他给毛应奎写了如下的一封信。

> 差人至龙场凌侮,此自差人挟势擅威,非大府使之也。龙场诸夷与之争斗,此自诸夷愤怨不平,亦非某使之也。然则太府固未尝辱某,某亦未尝傲太府,何所得罪而遽请谢乎?(中略)苟忠信礼义之不存,虽禄之万钟,爵以侯王之贵,君子犹谓之祸与害;如其忠信礼义之所在,虽剖心碎首,君子利而行之,自以为福也,况于流离窜逐之微乎!某之居此,盖瘴疠蛊毒之与处,魑魅魍魉之与游,日

有三死焉。然而居之泰然，未尝以动其中者，诚知
生死之有命，不以一朝之患而忘其终身之忧也。

王阳明引用孟子的话"君子有终身之忧，而无一朝之患"，堂堂正正地阐述了自己的信念。太守敬佩他的品格，事件也得以顺利解决。之后，毛应奎拜王阳明为师。

随着王阳明的名声越来越大，渐渐一些有识之士纷纷来龙场登门求教，汇集到他这里来。

这时自王阳明来到龙场之日起正好过了三年，正是"祸后三年，时来运转"。

王阳明三十八岁时，在龙场提出了"知行合一"这一理念。说到阳明学，人们马上就能脱口而出这四个有名的字。王阳明说"知者行之始，行者知之成。圣学只一个功夫，知行不可分作两事"（《传习录》上卷）。要注意的是，这句话绝不是指"言行一致"。

朱子学主张"先知后行"说。意思是要是行为合理，就必须先知理。总的来说，我们是很熟悉朱子学的这套理论的。

但是，依照王阳明之见，把知和行分割开的这种观点或是这种对事物的看法是有问题的。因为一旦分开考虑，那么知就会陷入唯智主义，就会一味追求知识而害怕付诸行动。而且，他还认为，分析性的，换言之也就是将事物

不断细分、加以区别的这种思维方式，只会将事物变得更加抽象，枯燥无味，从而剥夺了万物生机勃勃的生命力。

这个问题与"心即理"是相通的。王阳明提出的"知行合一"其实也超越历史，抓住了自我分裂这一现代问题。

"大人者，以天地万物为一体者也。……若夫间形骸而分尔我者，小人矣。"

这是王阳明的《大学问》中的一句话。

就如同把我和你分隔对待一样，我们把心灵和身体、理性（知性）和感性（感情）区别开来。此外，甚至还有真心话和客套话，让内心产生分裂和纠葛，我们把这些都视为理所当然。

只要把我与非我、观察者与被观察物这种将世界对立的观点持续下去，那么上述的矛盾与纠葛就不会消失。而且，所有思考与行为都需要能量，人们的能量将大多耗费在这种矛盾纠葛之中，其结果就是加速内心的老化。

王阳明通过在龙场的领悟和神秘体验，痛感需要整体性的恢复。知行合一，身心合一，自然界是一个整体，这个观点一旦失去，就会导致人类从宇宙和自然界中孤立。

王阳明的"知行合一"说后来进一步得到扩充，形成晚年的"万物一体之仁"说。

王阳明三十八岁时，接受了时任贵州提学副使席书（号元山）的拜见。席书向王阳明请教关于朱子和陆象山两位理学大家的思想有何不同，王阳明没有马上回答这个问题，而是向他讲述了自己的"知行合一"之说。此后，席书多次拜访王阳明，深受教益，豁然开悟。

后来，席书邀请王阳明到州府贵阳书院讲学，并亲自带领贵阳的秀才们一起拜王阳明为师，热心听讲。

重回中央

正德五年（1510），王阳明三十九岁。朋友们的帮助奏效了，他被任命为庐陵（江西省）知县。这当然属于荣升。他离开龙场的时候，从达官显贵到黎民百姓有数千人为他送行，依依惜别。但是，此时的王阳明在饱受龙场艰苦的生活后，身体已经十分衰弱。

在从龙场到庐陵的途中，王阳明与弟子们见面，在寺庙里静坐，随后他在信中论述了静坐的意义。

> 前在寺中所云静坐事，非欲坐禅入定。盖因吾辈平日为事物纷拏，未知为己，欲以此补小学收放心一段功夫耳。

继而，王阳明明确了静坐并不是目的，这只不过是学习的开端罢了。在南京时代，王阳明让弟子们练习静坐是有原因的，那就是大多数弟子都致力于理解观念，只以所学知识的差异为课题，对自己领悟毫无裨益。

王阳明并不主张坐禅那种需要高度技巧的冥想。人们也许会说，现在人们都很忙，哪有时间来静坐啊？但是，越是忙碌，我们越是要静坐，而且静坐的效果指日可待。否则，身心紧张，慢性发展就会导致身体越来越僵硬。

放松不仅能带来心灵上的平静，还能消除日常生活中的压力，增进健康。越放松，五感就会越敏感，注意力也能高度集中。讲学前的静坐具有很大的好处。

但是后来王阳明发现，有些人只重视静坐，一心求静，而懒怠动处功夫，因此晚年他也指出了过于重视静坐的弊端。

不久，杨一清等憎恨恶政的人逮捕了刘瑾一伙。

在明朝，皇帝的权力是绝对的。即使得到皇帝的信赖，一旦皇帝下台，又或者仅仅因为皇帝心念一转，权臣便会没落。这对于通过政治贿赂谋利自肥的刘瑾而言，始终是一个难以安心的心腹之患。于是，为了维持自己的权力，刘瑾开始觊觎皇帝的宝座。就在此时，有人告发了刘瑾的谋反，告发者正是以刘瑾为首的"八虎"之一张永。

短短五年间，刘瑾便积攒下巨额财产。二十四万余锭黄金和两斗宝石被全部没收。一锭重五十两，总计相当于国家十年以上的年收入，是一笔令人发指的财富。

不久刘瑾就被凌迟处死，被他虐待过的，恨不得生啖其肉的人们争着买他的肉来吃。据说一小片肉的价格就是一钱银子。

法治得以恢复，同年十二月王阳明升任南京刑部主事（负责刑法诉讼的主任）。

翌年，王阳明四十岁，进入不惑之年。一月他被提拔至北京吏部验封清吏主事，重回中央，王阳明的弟子与日俱增。

这段时间，他与黄绾（1480—1554，号久庵，字宗贤）结交。后来，黄绾成为王阳明的弟子，编撰了《阳明先生行状》。

王阳明对黄绾说过这样的话："人惟患无志，不患无功。"

意思是人只会担心没有志向，而不会担心没有业绩。

二月，王阳明升为会试同考官。与后来成为弟子的邹守益（号东廓）相识。十月，升任吏部文选清吏司郎中（掌管文官人事调动的长官）。

翌年正德七年三月，升任考功清吏司郎中（掌管高等文官人事调动的长官）。

十二月，升任南京太仆寺少卿。这是负责牧马，供应兵部需求的衙门副长官的工作。虽然级别高，但实为降职的调动。南京的职位尽是些闲职。但是，因为中央政府官员们的污浊世界与王阳明的气质不合,所以在安徽这样的风景胜地工作应该是令他快乐的。

正德八年(1513)二月,四十二岁的王阳明回乡指导弟子。他和几个弟子开始了为期半个月的旅行,或登山览景,或水边散步。

在王阳明的教育方式中,漫步山野,一边亲近大自然一边教化弟子占了很大比重。

人越是享受人工的都市生活,就离大自然越远。通过亲近大自然,能够让他们懂得大自然的美妙,懂得热爱大自然的重要性。它能使人获得解放,恢复丰富的感受性。人一旦不能成为恢复感知、热爱自然的灵魂和心灵的主人,就无法消除自我的欲望,不能不破坏环境。

另外,重视"讲学"这一点,我们也不能忽视。王阳明很喜欢聚集学友,共同研讨。

就像吉田松阴的松下村塾的例子那样,通过讲学获得的不仅仅是知识。彼此之间既是朋友,又是优秀的对手,互相刺激又彼此激励。它不仅仅是单方面的授课,而是以答疑为中心,其优点在于,老师能让弟子有所发现,并促使其自己领悟。这样既不会成为一言堂,又让每个人都能借此机会检视自我内心的诚实。这种讲学形式与今天的研讨或者座谈会很相似。

王阳明和日本僧人了庵桂悟(1425—1514)的相遇

就发生在这个时候。了庵是室町时代后期的禅僧（临济宗），京都东福寺的住持。了庵奉室町幕府十一代将军足利义澄之命，作为正使于1511年远渡重洋出使明朝。与王阳明的相会是在了庵八十七岁、即将回国的时候。这时王阳明亲笔书写《送日东正使了庵和尚归国序》相赠。了庵是唯一与王阳明见过面的日本人。

1513年了庵回国，居住在南禅寺（京都市左京区），翌年，殁于东福寺（京都市东山区），他对阳明学的普及还没来得及做出贡献。

同年，王阳明赴任安徽省滁州。滁州的山水名胜众多，在中国也属风景秀美之地。

来自各地的弟子聚集在山野间听王阳明讲学。月明之夜，数百人围坐在王阳明身边，静心听讲。讲学间隙，众人放歌响彻山谷。这种讲学的气氛十分轻松愉快。从这个时候开始，向王阳明拜师求学之人急剧增加。

正德九年，四十三岁的王阳明升任为南京鸿胪寺卿，到南京上任。鸿胪寺卿是负责接待朝廷的宾客和掌管国家祭典礼仪机构的长官。

滁州的友人们都来到江浦（扬子江岸）送别王阳明。据说由于依依不舍，他们分别住在旅馆里，等待着王阳明渡江的那一天。

翌年，由于没有子嗣，王阳明在父亲的劝说下将叔父的孙子正宪收为养子。此外，他还编写了《朱子晚年定论》，本书出版后屡受批判。

事上磨炼

同一时期，王阳明强调"事上磨炼"和"立诚"的功夫。通常我们日本都使用"事上磨练"这种说法，但"事上磨炼"是正确的。事上磨炼是取代静坐的修行方法。

王阳明教我们"存天理，去人欲"，把"省察克治"、实行克己纳入静坐之中，进而在"事上磨炼"上做功夫。虽然心中有天理，但人的行为不仅有善也有恶，这是因为本来纯洁的内心被私欲所覆盖。王阳明主张，只要除去私欲和人欲，心中仅存天理，行动就会变善。

所谓事上磨炼，通俗地说就是要参与社会实践，在纷繁复杂的具体事务中锻炼自己的心性。也就是说，不仅要有静坐的静时功夫，还要有动时的修养，做到动静皆定。在此介绍一下阳明学特有的这种修养法。

弟子陆澄问王阳明："静时亦觉意思好，才遇事便不同，如何？"

王阳明回答道："是徒知养静，而不用克己功夫也。如此，临事便要倾倒。人须在事上磨，方立得住，方能静亦定，动亦定。"（《传习录》上卷）

关于"事上磨炼",王阳明和弟子之间有过这样一次对话。

> 有一属官,因久听讲先生之学,曰:"此学甚好,只是簿书讼狱繁难,不得为学。"
>
> 先生闻之,曰:"我何尝教尔离了簿书讼狱悬空去讲学?尔既有官司之事,便从官司的事上为学,才是真格物。如问一词讼,不可因其应对无状,起个怒心;不可因他言语圆转,生个喜心;不可恶其嘱托,加意治之;不可因其请求,屈意从之;不可因自己事务繁冗,随意苟且断之;不可因旁人谮毁罗织,随人意思处之。有许多意思皆私,只尔自知,须精细省察克治,惟恐此心有一毫偏倚,杜人是非,这便是格物致知。簿书讼狱之间,无非实学。若离了事物为学,却是着空。"(《传习录》下卷)

在王阳明五十六岁的时候,也就是去世的前一年,给弟子黄宗贤(绾)写的信中也有这样的话。

> 人在仕途,比之退处山林时,其功夫之难十倍,非得良友时时警发砥砺,则其平日之所志向,

鲜有不潜移默夺，驰然日就于颓靡者。

人在闲静得无所事事时，做不到忘我。可是，一旦遇到亲人去世，烦恼缠身，或是工作不顺，困难重重时，又会陷入恐慌。因此，王阳明强调，无论在什么样的情况下都要保持主体性，不论是在具体的实践中还是在各自的工作上都要努力确立主体性。其实，从这个"事上磨炼"的观点可以窥见王阳明的宗教观。正如"龙场之悟"的"心即理""知行合一"中所说的那样，王阳明放弃了将世界一分为二的想法，开始意识到了如实看事物的重要性。

禅中也有"悟中有迷，迷中有悟"，不将悟与迷截然分开，也就是不把"宗教的生"与"世俗的生"区分开来。

闻名世界的印度思想家克里希那穆提（1895—1986）也有着和王阳明相似的主张。克里希那穆提认为，把世界分成两个对立物的看法，会使人们的内心产生纠葛，使社会陷入混乱。克里希那穆提说：

"不把生分为世俗的和非世俗的，这一点很重要。不区分世俗的东西和所谓的'宗教性的东西'很重要。如果没有事物的世界、物质的世界，我们也不会存在。一望无垠的天空之美，山丘上的一棵树，路过的那个女人，骑马的那个男人，没有这些，就不可能有生。"

根据克里希那穆提的说法，世俗之物和宗教之物、

"该有的"和"不该有的"、我和你（非我·世界）等等的分离，是人生中所有烦恼和纠葛产生的根源。根据克里希那穆提的说法，"有纠葛的生不是宗教的生"。

另外，所谓"立诚"，是自我存在所依据的诚实、良知。这是一种纯粹、至善、内心本体的体现。

关于为此而提出的"立志"说，他做了如下阐述。

> 诸公在此，务要立个必为圣人之心。时时刻刻须是一棒一条痕，一掴一掌血，方能听吾说话，句句得力。若茫茫荡荡度日，譬如一块死肉，打也不知得痛痒，恐终不济事，回家只寻得旧时伎俩而已。岂不惜哉？（《传习录》下）

"一棒一条痕，一掴一掌血"，做事就要有这种毅力和决心。王阳明严厉地告诫弟子们不要胸无大志，虚度光阴。其实"一棒一条痕，一掴一掌血"这句话，是南宋时代公案禅宗的集大成者大慧宗杲留下的一条禅语，由其弟子们记录在《大慧普说》卷二之中。

第三章 武人·王阳明

武人王阳明

王阳明在正德十一年（1516）九月被提拔为都察院右佥都御史（虽然年谱上写的是左佥都御史，但此处还是采用了王阳明自己记录的履历《供给汤疏》上的说法）。这是由兵部尚书王琼举荐的新职，主要工作是巡视各地、审查地方官吏的不正之风、取缔暴动叛乱。王阳明受命整治南赣（江西省南部）、福建省西南部的汀州、漳州等地的治安。

回到中央之后，王阳明过了六年的平稳日子，现在却开始了崭新的武人生涯。不过，这时正是努力"事上磨炼"，开始实践所学兵法的时候。其时，流贼（四处游荡的盗贼团伙，规模达数万人，核心战力不过一成左右）四起，横行乡里，治安恶化。加之刘瑾集团的贪腐，加重了百姓的负担，许多穷苦百姓被迫落草为寇。王阳明晚年的六年时间,几乎都奔波在镇反平乱之中。但令人难以置信的是,王阳明从未打过败仗。后来他的弟子王龙溪(名畿)求教他的用兵秘诀时,他这样回答道:"我无秘术,但平生所自信者良知。凡应机对敌,只此一点灵明神感神应,一毫不为生死利害所动。"

话虽如此,毋庸赘言,王阳明常胜不败的根源还是在于他迄今为止对于兵法的潜心研究与心术,再加上他在临战指挥中进行了前所未有的各种尝试。

王阳明组织了精锐的民兵。由于地方财政困穷且赏罚制度不分明,长期以来官兵士气低落,人心涣散。为了镇压流寇,恢复和平与秩序,需要依靠当地百姓自身的力量来进行必要的乡土防卫。更值得一提的是,王阳明提议组织并训练的民兵和以往的官兵有很大的不同。他们是巡抚王阳明的私人官兵,因此与王阳明有牢靠的从属关系。理所当然的,将这些民兵作为战斗的主力更为适合。

另外,由于贼寇混在居民中假扮良民,官兵一有动向便向贼寇通风报信,于是,王阳明实施区分贼寇和良民的制度——"十家牌法"。具体内容是,先以十户家庭为一组制作一块木牌,在上面记载各个户主的姓名和原籍,再挨家挨户地制作木牌,让他们在木牌上填写包括租住人在内的家庭成员构成,挂在各家门口。这是一种相互监视制度,各家轮流负责挨家挨户查验,如果有可疑人员,就向官府通报。

在十家牌法中，存在着互相监视的问题。由此，王阳明在治安防卫上增加了必要的连带责任意识的教育。这就是所谓的"阳明先生保甲法"。保甲法源于北宋的宰相王安石的兵制。

同时，他还制定了"兵符制度"。即将军队的编制记录在牌上，由各队伍和司令部分别保管。在紧急时刻，对照此牌，正确掌管军队。此法对训练和行军颇有帮助，组织也更加严密，有效防止了随意编排部队和纪律松弛。

征讨横水逆贼

接下来，让我们一起来看看武人王阳明的征战。这些事情发生在他担任巡抚的第二年，也就是正德十二年（1517）。

首先在二月，他亲自率领二千名士兵镇压了福建省南部山岳地带的流贼。王阳明努力确保当地的粮食产量，为稳定该县的治安而设立了"和平县"。这个县至今仍然存在。六至八月间，王阳明平定了大庾（位于江西与广东两省边境）的陈曰能等人的叛乱。

王阳明的功绩很快就被朝廷认可，于是在九月被提拔为管辖南赣、汀州、漳州等地区的军务提督（武官的最高职位），他可以在这个地区自主决断，并获得赏罚权。实际上，王阳明成为统治这些地方的最高长官。

接着在十至十二月之间，他平定了南赣横水、桶冈的谢志珊、蓝天凤等流贼的叛乱。

王阳明和号称征南王的匪首谢志珊及其团伙在横水和左溪之间开战。这段战事介绍起来篇幅稍长，但我还是参考中田胜翻译的《王阳明靖乱录》（墨憨斋·冯梦龙著）来概述一下。

在讨伐横水的贼匪之前，他劝诱浰头的匪徒归顺，并晓谕他们最好能够立功赎罪，并给他们银钱布匹，以平息谋反之心。这是因为王阳明担心在征讨横水时贼匪会联合起来驰援横水、左溪，造成官军腹背受敌。不过，在王阳明告谕书的感召下，几名匪首纷纷率部归顺。王阳明又从这些人中选拔了五百名精兵，编入了讨伐横水之贼的军队中。

以下是王阳明所写的让贼匪感动的告谕书的一部分。

> 无故杀一鸡犬，尚且不忍；况于人命关天，若轻易杀之，冥冥之中，断有还报，殃祸及于子孙，何苦而必欲为此。我每为尔等思念及此，辄至于终夜不能安寝。

> 亦无非欲为尔等寻一生路。惟是尔等冥顽不化，然后不得已而兴兵，此则非我杀之，乃天杀之也。今谓我全无杀尔之心，亦是诳尔；若谓我必欲杀尔，又非吾之本心。
>
> 尔等今虽从恶，其始同是朝廷赤子；譬如一父母同生十子，八人为善，二人背逆，要害八人；父母之心须除去二人，然后八人得以安生；均之为子，父母之心何故必欲偏杀二子，不得已也；吾于尔等，亦正如此。
>
> 若此二子者一旦悔恶迁善，号泣投诚，为父母者亦必哀悯而收之。何者？不忍杀其子者，乃父母之本心也；今得遂其本心，何喜何幸如之。

接着，他又提到"民吾同胞"。通过这篇告谕书，我们也能看出王阳明思想的一贯性。

接下来，王阳明先确定了全军进攻的日子，兵分十路，暗中告诉各队的进军路线和战略。每路军大约有一千人的兵力。让军备副使杨璋和分守参议黄宏作为十路大军的总监兵，调派各路军马，补给粮草。

王阳明悄悄地命令大本营的直属将官，为了不让驻地官民察觉，禁止大声传达每个号令，王阳明也悄然率军出征。

十月九日，军队到达南康。王阳明从告密者那里得知义官李正严和医官刘福泰两人与匪兵相通。于是他将诉状递到这两个人面前，两人连呼冤枉，矢口否认。

王阳明决定暂时不追究他们的过错，让两个人戴罪立功。到了傍晚，两个人特来求见王阳明，告诉了王阳明以下机密情报："官军要想攻占桶冈，必然会经过一个叫十八面的隘口，这里是天然的要害之处，兵家必争之地。这十八面隘口群山环绕，且山势陡峭，山路格外狭窄，官军之前虽然多次前去征剿，但每次都被困在这里，不能过去。有一个叫张保的木匠，长期和贼匪一起生活在山里，而且倾尽心力为贼匪修建山中的营寨。张保其人深谙当地地形，如果不借助他的力量，作战将极为困难。"

王阳明问道："张保此人，现在何处？"

两人回答道："大人，您是我们二人的救命恩人，我们想尽心竭力为您办事。幸得天命眷顾，张保已经被绑在辕门外等候召见。我二人未得大人允许，不敢擅自带他前来面见大人。"

王阳明说："既然如此，那就给他悄悄松绑，秘密带进来吧。一定要注意隐秘行事，不要声张。"

两人立即把张保押来，跪在堂前。王阳明说："听说，贼匪们的营寨都是你建造的，你论罪当诛。"

张保以头抢地回答道："小人不过是一个靠手艺活为

生的卑贱之人。之前误入歧途，才和贼人混在一起。小人一时贪生怕死，知道是坏事也不得已受其驱使。还望大人开恩啊。"

王阳明说："本府暂且记下你的过失，不治你的罪。但是，你为贼匪建造的山寨，必然都是选择险要之处。你混迹于贼匪之中，必定知晓详细情况，现命你将山寨的布局、山寨周边的部署情况、大小出口等尽告本府。待到平定叛乱之时，你可以和我军士兵一样论功行赏，本府会根据你的作为给予奖赏。"

张保高兴得跳了起来，要来笔墨纸砚，画了营寨简图。王阳明让那两人监督张保，带他回卧室，用酒肉饭食慰劳他。张保感激不已，把匪巢画得更加详尽细致。随从把张保画完图的事情禀告了王阳明后，他又一次传见张保，看过张保绘制的简图后慰劳张保，并让三人在内堂的一间屋子休息，第二天早上，授予三人义官的头衔。

讨伐贼党

初十日，大军向南坪地区进发。李正严和刘福泰两人再加上几名探子，按张保提供的贼寇据点信息，前往各处仔细打探，报告贼寇的动向。

贼寇在其盘踞的各处要地，都架设了滚木礌石。这说明贼寇们已经做好了防御准备。

王阳明趁着夜色率军向前迅速推进。十一日，迫近距离贼寇所在地大约三十里处。

他号令部下，砍伐树木，建立围栏，挖掘壕沟，建起营垒，摆成一副要打持久战的样子。

另一方面，他又命令报效听选官雷济和义民肖庚率领樵夫四百人组成队伍，并分成两小队，分别由雷济和肖庚带领。每一队都带着一面队旗以及枪炮、钩镰枪等兵器，抄近路攀上悬崖峭壁，分散埋伏在各山顶的凹处。

王阳明还密令他们堆起高高的枯草，等第二天官兵进攻时，在山顶竖起旗帜，点燃烽火，炮箭齐发，以壮声势。

十二日，官兵对十八面隘口发动攻击。贼寇正凭借天险迎战官军，但突然听见远近山顶炮身轰鸣，四面狼烟滚滚，而官兵们也齐声呐喊，炮箭齐发。贼寇见此情形惊慌失措，以为要害的据点已被攻陷，于是溃败逃走。

王阳明事先让千户陈旹（当地郡长，统领军民一千人的官职）率领数十名壮士，提前攀上悬崖，夺取了各处隘口，并把贼寇布置的滚木礌石都发射了出去。官兵们乘胜追击，沿着小路突入贼巢，火烧营寨。官军终于攻破贼寇在长龙十八面隘等七处营寨，贼寇四散而逃。

匪首谢志珊等人认为横水是有名的天险，在这里布下防阵，一定可以阻挡官兵。当他们听说官兵从四面八方围攻而来时，慌忙出寨迎战，却只看见横水周围的山头到处都是浓烟滚滚，烟焰漫天，四下里炮声不绝于耳，响彻山谷，顿时吓得心胆俱裂，仓皇逃跑。

这时，之前分拨的各路兵马，都纷纷进军攻破各地的营寨，会师于横水和左溪。这一日，把大匪首钟明贵、陈曰能等人斩首，砍下的其他贼寇喽啰首级有一千人之多。在逃跑途中，还有无数的流寇相互践踏而死，或是坠落山崖，跌入山谷。

贼匪曾在山崖上筑起搭脚处，用砍来的树木加固它，并挖了洞穴来设置陷阱，埋藏竹签，试图以此阻止官兵进攻。

于是王阳明想方设法，让官兵们不分昼夜涉溪涧，踏丛棘，在悬崖上绑上绳子，陆续攀登，像猴子互相搭手过河一样下山。有时会不慎失足掉下山崖，虽然手上受伤，但保住了性命，也算是不幸中的万幸了。

到达横水和左溪的官兵们早已疲惫不堪，人困马乏，一步也走不动了。此时正好太阳下山，王阳明便传令让官兵们在此安营整顿。

次日，逢大雾，一尺之内都无法看清人脸，王阳明便命令各个营地休整军队，补给食粮，鼓舞士气。

王阳明又命令数十名乡导（带路的人）追踪贼匪中的

逃兵，打探贼匪们的藏身之处和躲在寨子中的贼匪是否有所动作。

阴雨连绵，到了十五日也没转晴，在这期间王阳明收到了各个乡导打探来的情报。贼匪们在各座山峰的悬崖峭壁处安营扎寨，那些逃走的败兵残将都聚集在未破的山寨。

众位将士异口同声地说道："预定十一月一日讨伐桶冈贼军，时间已经迫在眉睫了。"他们以此来逼迫王阳明早做决断。王阳明却说："此处距离桶冈有一百里，山路险峻，人马难行，要三天时间方能到达。若是不能将这里的贼匪一击而退，那么我军一旦向桶冈方向移动，则前方是桶冈驻军，后方是横水敌军，腹背受敌。若真这样将我军一分为二，实在不是良策啊。"

碰巧，巡山的人抓到了一名桶冈贼匪放出的细作，名叫钟景。他的任务是打探横水官兵的动向。王阳明对钟景说："我军一向战无不胜，所向披靡。桶冈已是危在旦夕，若是你在本府的麾下效忠于我，本府就饶恕你犯下的罪过。"于是钟景跪倒在地，发誓效忠于王阳明。

王阳明向他打听桶冈地形，终于弄清楚了事情的原委。加之钟景对去往各个贼匪营寨的道路也了如指掌，王阳明让手下为钟景松绑，赐予他美酒珍馐，让他留在自己的麾下效力。

王阳明又立即传令作战，把全军分为奇袭和正攻两部分，对躲在各营寨的残兵败将和尚未被攻破的贼匪，进行正面和突袭后方的作战策略。

全军冒着大雾迅速出击。以十六日攻破四处贼方营寨为开端，至二十七日攻破长河洞的营寨，连日俘虏斩首者不计其数，合计攻陷了二十二个营寨。

谢志珊在向桶冈方向逃跑时被抓获，押送到中军大帐。王阳明依照新奏准事例（圣上颁布的法令），在辕门将其枭首示众。

在行刑前，王阳明问："你是如何从寂寂无名的贱民，变成有众多贼匪追随的贼党之首的？"谢志珊回答道："走到今天也很不容易。我一看到世上有好汉，就决不肯轻易放过。从多方面入手，让我们逐渐变成相熟的好友，为他提供好酒好肉，欣然给予他所缺少的东西。等到他喜欢信任我，我再对他说出真相，拉他入伙。这样一来，没有人想要离开。我的队伍中曾经有五十多个拥有千钧之力的人，但都已经死去了，或是被俘虏了。此乃明天子之洪福，我怪不了任何人。"说完，他闭上双眼，从容就死。

日后，王阳明谈到谢志珊时，对他的门人说："我们儒学者一生都希望能结交更多的朋友，也应当如此。"

参将史春评论王阳明的征战时，这样说道："早上出征，傍晚平定，讨伐贼党轻而易举，如同秋风扫落叶一般。这不是常人能做到的事,堪称神技。"

十二月份撤军。在王阳明的治理下,各地治安渐渐恢复。百姓们都在沿途向王阳明上香礼拜,并且建造祠堂供奉王阳明。

徐爱之死与征伐池仲容

正德十二年(1517)五月,王阳明的妹夫,也是他的第一个入门者、最爱的弟子徐爱(三十一岁)病逝(《年谱》中也有1518年的说法,这里采用的是黄宗羲的说法)。

听到自己最爱的弟子、接班人徐爱去世,王阳明两天都咽不下饭。关于徐爱之死,留下了这样一则故事。

> 徐爱游历衡山(湖南省)时,曾经做了这样一个不可思议的梦。一位老僧抚摩徐爱的后背说:"你的德行和颜回相同,寿命也相同。"颜回是孔子最爱的弟子,在三十一岁时去世。
>
> 听了这个梦的故事后,王阳明安慰徐爱道:"只不过个梦而已。不可能有这么离奇的事情。"

言归正传,这个时候出现了一句后世广为流传的名言:"破山中贼易,破心中贼难。"这句话出自十月王阳明写给弟子杨仕德的信中,后来他在写给弟子薛侃的信中也引用了同样的话。

这句话的意思是抓捕山中的贼寇容易,但是要战胜心中的邪念很难。他说,如果能将心中的邪念彻底消除,这才是值得自豪的伟大功绩。

四十七岁那年的一月,王阳明开始率军征讨盘踞在广东省东北部险峻的九连山脉浰头的池仲容。如前所述,前一年九月,在对衡水和左溪的贼寇谢志珊一党的镇压中,为了不让他们出来呼应援助,给他们送去了牛、酒、银子、布匹等,为了劝降匪徒,还写了竭尽情理的长篇劝降信和告谕书。这些行动很奏效,几个贼人的首领都接受劝说投了降,然而只有自称为王的池仲容一人拒绝投降。

得知横水、桶冈的寨子被攻破了后,池仲容非常害怕。王阳明看出,池仲容只是表面上表现出恭顺的姿态,实际上已经加强了防守。王阳明问池仲容:"为何要把士兵部署在要隘之地?"池仲容辩解道,不知道龙川的卢珂他们什么时候会突然袭击过来,所以才进行防备。

于是王阳明和卢珂他们演了一场戏。其实,王阳明和卢珂他们早已暗中相通。王阳明假装抓到了卢珂等人,在讨伐作战结束后,将军队撤回到各自的营地,奏起音乐,准备酒食,慰劳诸将。看到街上人们庆祝的样子,池仲容等人觉得已经不会再有讨伐了，喜不自胜，带着心腹部下，来到赣州拜见王阳明。

另一边，王阳明秘密释放卢珂等人，让他们集结军队，传令让各县军兵待命。王阳明用酒宴和艺妓款待池仲容等人，不让他们回到浰头。一天晚上，他下了作战的密令，召集官兵，把池仲容等人引入宴席，将其一网打尽。三月结束了对残党余孽的讨伐，四月凯旋。这期间，王阳明在南、赣所属的各县，还创办了社学（府学、县学以外的公费学校）。

王阳明利用贼寇之间的势力斗争，没有投入官军，却成功将池仲容一党一网打尽。虽然在这里没能叙述得很详细，但是他计划的周密性有很多可供学习之处。

王阳明的作战方式大多是自己指挥少数士兵，出其不意，突袭敌人的老巢。以往的战斗，从来都是大规模出动军队来镇压，但如果动用大军，其行动很容易被敌人察知，而且进行准备也需要大量的时间和费用。

此外，王阳明在平乱时，首先深入当地调查，分析叛乱的起因何在，接着诚心诚意地与敌方寻求对话，提出各种条件以促使对方不战而降，只有在万不得已的情况下才使用武力。但是，一旦平定叛乱，对于普通贼匪也会尽量宽大处理。

叛乱之地，平定叛乱之后，一旦大军撤走，贼匪又会死灰复燃,这是历史常态。为此,王阳明不仅在军事方面,而且在平定之后的政治方面也进行了巩固。他一方面保证百姓的食粮供应,同时修建学校,期望教化育人。阳明学是一种重视教育的思想,这在其讲学的事例中亦可显见。与其建造囚禁罪犯的监狱,毋如建造学校,发展教育。王阳明认为,社会问题其实质就是教育问题。培养人才,塑造人格会给家族、社会和国家带来繁荣昌盛。

事实上,无论王阳明自己在战斗中多么疲惫,他都一直坚持在战场上讲学不辍。与疾病作斗争、与心中之贼作斗争、与山中之贼作斗争,王阳明就是这样一个意志坚强的人。

《古本大学》《朱子晚年定论》《传习录》的出版

正德十三年,王阳明四十七岁那年的六月,朝廷嘉奖其功绩,晋升他为都察院右副都御史(次官)。但是,由于他自身健康状况不佳,王阳明早在三月已经决定辞官休养,这次同时也推辞了晋升和恩典。但这次辞官,没有得到皇上的恩准。进入七月后,空闲时间多起来,王阳明就同薛侃、欧阳南野等弟子们一起致力于讲学。

薛侃(字尚谦,号中离),与以他哥哥薛俊为首的一族人向王阳明学习,使得岭南(广东省)地区的阳明学兴盛起来。此外，正德十二年年底，他还担任王阳明之子王正宪的家庭教师。

欧阳南野（1496—1554，名德，字崇一）时年二十三岁，是王阳明的弟子中最年轻的一位，王阳明称其为小秀才，寄予厚望。后来，他和邹守益一起成为江西学派（阳明学正统派）的中心人物。欧阳南野的弟子众多，自认是阳明学正统派，与当时一流的朱子学者罗钦顺（号整庵）进行过论辩，批判了同门聂豹（1487—1563，号双江）的归寂思想（阳明学右派），对王阳明去世之后的思想界产生了巨大影响。

在此期间，王阳明在学问上留下了三大业绩。

首先，出版了《古本大学》。在儒家经典中，《大学》也被称为道德的参考指南。当时广为诵读的《大学》是朱子修订增补后的《大学章句》，而王阳明则认为《礼记》里原本的记载，也就是《大学》的旧版才是正确的。因为在《大学》里，关于"致知在格物，物格而后知至"的"格物致知"（正确地说是致知格物）的解释有决定性的不同。

朱子把"格物致知"看作《大学》的中心思想。然而王阳明则将"意诚"——即"心意诚挚"视为中心思想，并将见解记述在了《大学古本序》中。

但是，后来王阳明又对《大学古本序》做了修改，那就是把"致知"解释为"致良知"。在这个时期，他把《大学》的中心思想确定为"致知"（致良知）。

同月，王阳明的弟子们出版了《朱子晚年定论》。这本书认为，王阳明的见解与向外物寻求道理的朱子学说之间存在矛盾，为此王阳明十分苦恼。但是王阳明认为朱子晚年的观点是正确的，并且与王阳明的观点一致。王阳明还认为，朱子在晚年也发觉了自己旧说中的错误。

也就是说，王阳明认定古本的《大学》是正确的，并据此发展了自己的哲学，那就意味着世间许多朱子学者弄错了。而实际上，在这本书中，收录的部分言论并非朱子晚年的主张，这使得王阳明备受责难。对于自己考证的不严谨，王阳明做了深刻的反省，但因为大部分言论确属朱子晚年的见解，所以王阳明也没有撤回自己的意见。《朱子晚年定论》刊行以后，王阳明获得了更多信奉者。

这种不怕犯错、勇于行动的勇气，以及犯错后勇于承认错误的勇气，恐怕只有提倡良知心学的王阳明才做得到。对一般人来说，社会地位越高，越有名望，就越难做到。

八月份，弟子薛侃出版了《传习录》，也就是相当于今天的《传习录》上卷。《传习录》是在平乱的中心地赣州出版的，阳明学得到了更加广泛的传播。

《传习录》书名取自《论语》学而篇的"传不习乎"一语。"传不习乎"的意思是"老师传授给我的学业是不是复习了呢"？"习"原本的意思是雏鸟体会和模仿母鸟飞行。这句话蕴含着劝诫"传而不习"的意思。

《传习录》是将王阳明和徐爱的问答，薛侃、陆澄（字元静，一说原静）的笔记以及王阳明的书信合在一起编撰而成。这本书分上、中、下卷，是阳明学的入门书籍，被奉为圣典，也是阳明学唯一的教科书。

这年十月，王阳明的祖母岑氏与世长辞，享年九十九岁。

宸濠之乱

正德十四年（1519），王阳明四十八岁。同年四月左右，邹守益（1491—1562，号东廓）拜入王阳明门下。王阳明曾任会试的同考官时，他是成绩头名的俊才。后来他参加廷试又进士及第,被授为翰林院编修。此后他作为王阳明的高徒，与钱德洪同为阳明学正统派（修证派）的领袖。他的儿子和孙子也信奉阳明学。

当时，正值邹守益因病回乡疗养。

同年，发生了一件影响王阳明一生的大事。皇亲宁王朱宸濠发动了叛乱。宁王朱宸濠驻守在江西南昌，他是明朝开国皇帝明太祖洪武帝第十七子朱权的四代孙。因为他一开始封地在大宁（今辽宁省），所以被称为宁王。

在此，我想先就这次叛乱的严重程度进行说明。虽然因此篇幅会稍长一些，但是和明朝此前发生过的"靖难之变"进行比较，会更容易理解。

"靖难之变"爆发于建文元年（1399），指的是明太祖洪武帝去世后，燕王（后来的明成祖永乐帝）发动政变，推翻了按遗诏即位的建文帝，自己登基这一事件。

为什么会变成这样呢？正如王阳明所言，燕王智勇双全、崇尚武力，这无疑是一场灾难。

在洪武帝的遗孤中，燕王最为优秀。洪武帝自己也曾考虑过燕王继承皇位。但从儒家伦理来看，身为洪武帝第四子的燕王根本无法继承大统。

洪武帝去世后，他的孙子建文帝（十六岁）登基。辅佐朝政的是被誉为大儒的方孝孺等一批儒学家，由他们来辅助皇帝治理国家。

结果，分封到各地的皇族们联合起事，这和前汉初期爆发的吴楚七国之乱情况十分相似。明代的皇族也被分封到各地做藩王，各自拥有自己的军队。

建文帝即位后，立马着手削减诸王的势力。其中，建文帝最为忌惮、一心想要清除的势力，不必说自然是燕王。

换言之，燕王并不是单纯为了追求权力而举兵造反的。建文帝想要施行文政，担心诸王叛乱，于是废除燕王等的王位，有的投入监狱，有的流放边疆（致使湘王等自杀）。因此，被逼入绝境也是燕王造反的导火索。

燕王的军队自称"靖难军"，意思是要清除祸难（皇帝身边的奸佞）。

此时，单就兵力而言，建文帝统治的中央政府占据相当大的优势。燕王的军队当初仅仅只有几万人，也有说不到一万的。但是，洪武帝生前的良苦用心却结出适得其反的苦果。为了巩固皇室独裁体制，洪武帝生前将有可能夺权篡位的历经战场的将军和有才能的文官政治家们全部处死了。因此，在这次平叛作战中根本没有一个能够指挥五十万大军的将军。最终，经过长达四年左右的战争，实战经验丰富的燕王取得了胜利。

听到了朱宸濠举兵的消息，不仅是王阳明，很多人都会回想起120年前发生的"靖难之变"，怎能不心生恐惧。

朱宸濠垂涎皇位已久，暗中结党营私，与朝廷内的刘瑾等人勾结，不断扩大自己的势力。但是因为事情败露，只好匆忙举兵。转瞬间，朱宸濠就夺取了南康（星子）九江，一路沿长江而下，包围了安庆，目标直指南京，企图在此登基。

王阳明原是领命前往镇压福州（福建省）的叛军。六月十五日，王阳明走水路沿赣江北上，来到丰城附近时，就听说宁王朱宸濠发动了叛乱。

叛军有六七万人（公开号称十万），直指南京。被阻挡去路的王阳明立刻打算折返，但是为时已晚。赣江两岸有一千多名敌军埋伏着，而王阳明的手下仅有一百余名，再加上风向不好，船也无法前进。

王阳明对天焚香，边哭号边祈祷。

"苍天啊，你若是肯怜悯百万苍生的生命，就请借我一阵顺风吧。"

于是，风一下就停了，变成了北风。王阳明告别诸夫人，换乘小渔船，与参谋们奇迹般地摆脱了这个困境。

王阳明有一位友人叫孙燧，曾经和王阳明一起参加过会试，当时担任都御史（中央监察机关都察院的长官）。叛乱发生时，孙燧正好被请去参加朱宸濠的寿宴。在宴会上，朱宸濠宣布起兵造反，孙燧严正反对，当场壮烈惨死。

王阳明等人日夜兼程四昼夜，终于赶到了江西吉安。十九日，王阳明将朱宸濠叛乱的急报发送北京，同时撰写檄文，历数朱宸濠的罪行，并敦促使四方奋起征讨宁王。

随后，王阳明对感到不安的弟子邹守益这样说道：

"即使全天下都反对，我们也必须这么做。"

邹守益听后，对老师非常敬服，心中的利害之念顷刻间消失得无影无踪。

当时，王阳明运用了各种各样的作战手段，不仅向敌方传播虚假的情报，还发布了很多谋略文书，旨在使敌人内部陷入不和与内乱。

例如，为了让朱宸濠的军队相信"已派出四十八万官军讨伐朱宸濠"，他让十多名演员携带假公文潜入南昌，故意被朱宸濠的伏兵捉住。并且，还假装在丰城里部署了大军。

就这样，王阳明等待皇帝下旨派官军前来。

心理战初见成效，朱宸濠忌惮王阳明兵多势众，连续两天都不敢轻举妄动。但是很快他就察觉到了王阳明根本没有集结军队，于是率领六万士兵从南昌出发，并于七月十六日逼近安徽安庆，欲取南京。

十三日，王阳明发动义勇兵八万（对外号称三十万）从吉安出发，与各地的勤王义勇兵一起编成了十三支部队，进攻南昌。二十日，王阳明夺取朱宸濠的老巢南昌。进驻南昌后，他也没有怠慢对子弟的讲学，这正是事上磨炼的实践。

朱宸濠得知南昌被占领后，解除对安庆的包围，率军返回南昌。朱宸濠此时的一举一动，都在王阳明的预料之中。与征战经验丰富的王阳明相比，朱宸濠几乎没有实战经验。王阳明在七月二日写给父亲的信中说："我对这次平叛很有信心……"

散播假消息的不止王阳明。到了二十二日，有朱宸濠散播的假消息传来，但是王阳明并没有上当。

从二十四日开始，在南昌近郊的鄱阳湖上，王阳明所率部队与朱宸濠的军队展开激烈的水战。二十六日，举兵叛乱、企图篡夺天下的朱宸濠及其数百名部下被王阳明活捉。

朱宸濠之妃娄氏是王阳明以前见过的娄谅的孙女。王妃多次劝谏朱宸濠收手，但他心意已决，一意孤行。得知叛乱失败的消息，王妃与众宫女一起投鄱阳湖自尽。

叛乱发生后的第四十三天，自王阳明在吉安起兵之日起仅用了十四天，叛乱就被平定了。王阳明简直是以电光石火的速度，挽救了国家的危难。

二十七日，王阳明入南昌城时，城内城外数万百姓夹道欢迎，欢呼雀跃，声音震天动地。三十日，王阳明上奏活捉朱宸濠的胜利捷报。

将朱宸濠移交张永

王阳明的檄文刚一发出，就有人火速从四面八方赶来支援。王阳明喜出望外，不禁流下了感激的泪水。

贵州省的席书，带领两万名士兵赶来，途中听到战乱已经平定便返回。八月三日，此时距活捉朱宸濠已经过去了七天，福建省的林后俊送来了佛郎机（葡萄牙）

枪的锡制模型和火药的制造方法。同一天，福建按察佥事周期雍从上杭（福建省）率兵到达，王阳明的弟子冀元亨也从常德（湖南省）赶来。出人意料的是，他们竟都是同一天抵达。

然而，明明收到了王阳明胜利的捷报，明武宗却仍率领数万官军，以亲征之名南下，进入了南京。

武宗在明王朝作为一个奇葩皇帝而广为人知。他仿照伊斯兰的寺院，建造了一座豹房，在里面供奉着藏传佛教。武宗是个喜欢跑出宫到街上游乐的放浪公子，宦官刘瑾是他从儿时开始就在一起的玩伴。刘瑾死后，他就和士兵们玩。但是，武宗也厌倦了在紫禁城内的士兵游戏。在玩伴中，以强悍勇猛为傲的名弓箭手江彬自夸，说他出生的故乡宣府有很多美女。武宗听后很动心，于是带着士兵出京去宣府，将豹房也移到那里，抓走美人，只知日夜寻欢作乐。

恰好就在这一年的三月，武宗结束战争游戏，北巡千里回到北京，还不满足，又说要南巡。当然，有多位大臣进行劝谏，但武宗和他的玩伴们大怒。上疏劝谏的一百零七名官员白天在午门外罚跪，晚上则被关进监狱。如是五天之后，他们再受四五十杖刑，其中有好几人被打死。

佥事张英想以死上谏，又怕自己的血污了皇宫，就准备了数升土用袋子装好。然而，护卫夺走了他的刀，将他打入大牢并处以杖责八十的刑罚，最后他被打死。

皇帝虽然取消了南巡，但这次得知了宁王朱宸濠谋反的消息，对于武宗来说，却是一个远征南方的求之不得的借口。

王阳明当时正准备押解俘虏朱宸濠离开南昌。然而，武宗的近侍太监（宦官的最高级别）张忠和被任命为亲征军总兵的许泰阻止了王阳明。他们建议释放朱宸濠，等武宗的军队与之一战，如果武宗获胜，王阳明则也会被论功行赏。

王阳明听了断然拒绝。他和这次亲征的最高首领之一的宦官太监张永进行了会谈。张永是推翻刘瑾的功臣，这次被授予秘密视察叛乱之职。王阳明说经历过大乱之后的江西百姓再为武宗的军队提供军粮，负担过大，穷困潦倒的农民们很容易再次发生动乱。张永被王阳明说服了。

大军未动，粮草先行。保障军队作战的物资供给是非常困难的。不管是官兵还是叛军，在当地筹措粮草都是常见的做法。这种所谓的当地筹措，简单来说就是掠夺农民。

张永提醒王阳明，如果触怒武宗，惹怒他身边的近侍，反而会引起混乱。王阳明听从张永的提议，把朱宸濠交给张永，并称病躲进西湖的净慈寺。此后，张永一次又一次地庇护王阳明。

王阳明率军平叛取得胜利，并未得到朝廷的褒赏。原因有二。其一是如果王阳明将朱宸濠带到京城，有一些高官害怕与朱宸濠暗中勾结之事败露。宦官张忠就从朱宸濠那里收受了贿赂。

其二，更大的理由则是王阳明的行动践踏了明朝官僚主义的逻辑。

王阳明平定叛乱用的是义兵，而非敕命。这就极大地扰乱了明王朝的政治体制秩序。

王阳明的平叛，说到底属于私人军事行动，这一点与朱宸濠的叛军无异。奉皇帝之命镇压对于维护王朝的权威更合适。王阳明的勤王精神稍稍偏离了官僚主义的逻辑。

除此之外，正如我在"靖难之变"的部分中提到的那样，王阳明是一个文武兼备的优秀武将，这也是一种灾祸。从前的明太祖洪武帝担心在自己死后出现叛乱，就清洗了历经百战的将军和优秀的文官。建文帝也十分害怕皇族尤其是智勇双全的燕王叛乱，由此引发了"靖难之变"并最终自取灭亡。

皇帝就像过去的历史所记载的一样，经常抱有一种害怕亲人叛乱的危机感。

与北方骄傲的弓手竞射

很快,江西地方巡抚下达命令,王阳明不得已于同年十一月返回南昌。张忠等人以搜索反贼残党为名驻兵于此,伺机批判王阳明,挑起事端与王阳明发生冲突。他们唆使自己的士兵挑衅王阳明,但王阳明克制忍让,以礼相待。张忠和许泰自以为北方人擅长射箭,邀请王阳明进行射箭比赛。虽然王阳明是名动天下的思想家,但在许泰这些武官眼里,他不过是一介手无缚鸡之力的文人而已。

"下官不过是一介书生,怎敢与诸公一决高下呢?请恕罪。"

尽管二人再三邀约,王阳明还是一概推辞了。张忠和许泰企图在他们率领的北军和王阳明率领的南军众人面前,让王阳明出丑,让所有人都看到王阳明与他们北方人不同,在骑射方面很逊色。

当时,扬子江以南肥沃地区的人被称为南方人,包括黄河流域在内的北方的人被称为北方人。他们互相歧视,同时也视对方为竞争对手。农耕和商业繁盛的南方地区,生活富庶,文人辈出;而北方土地贫瘠,经常受到来自异族的威胁,出于自卫的需要,北方人自幼习武,武人辈出。

同一个国家,同一个民族,由于不同的风土孕育出的气质差异，彼此产生类似歧视的排他性，这在世界各地并不鲜见。王阳明被逼无奈，终于答应竞射。张忠、许泰、刘翚三人先向靶子射出了箭，但结果不太好。他们为自己的丑态面红耳赤，却又想让王阳明出丑来掩饰自己的耻辱，于是强迫王阳明。

独自站在射箭场上的王阳明，凝神静气。

他左手如托泰山，纹丝不动，右手如抱婴儿，细心凝神，"嗖"的一声射出一箭，正中靶心。

结果，三发三中，就连北军的士兵们也无不拍手喝彩，赞叹："我们北军也找不出这般厉害的高手。"

这一晚，刘翚暗中指使心腹，探听北军士兵们对王阳明有何评价。

"王阳明人品高尚，武艺高超。他们南军之士，都愿跟随第一流的王阳明舍生忘死，建功立业。"刘翚听到北军士兵们这样评价，焦躁不安，一夜没睡。张忠、许泰、刘翚失了脸面，再不敢寻衅滋事，草草带着北军打道回府。

朱宸濠第二年被迫自杀。

对王阳明的中伤

上德十五年（1520）一月，张忠、许泰等诬蔑王阳明有谋反之意。皇帝问其证据,张忠、许泰等人回答说"皇帝召他,他也不敢来",于是王阳明突然被皇帝传召。实际上,在此之前,王阳明就经历过多次张忠、许泰等人的伪诏,所以王阳明并没有即刻从南昌出发。张永担心事态发展不利,遂将事情的经过告诉了王阳明。于是王阳明乘小船,由数十艘渔船护卫,半夜起航匆忙赶往南京。

但是,张忠、许泰等人在芜湖阻拦,王阳明无法进入南京,只得在芜湖等了半个月。陷入困境的王阳明登上九华山,每日在草庵中静坐。不久,多亏张永说服了皇帝,这才解除误会。王阳明又一次从奸臣们的诡计里保全了自己。

尽管王阳明平定了宸濠之乱,但其功绩却没有得到朝廷认可。不仅如此,王阳明还被诬蔑为有谋反之心,连为了平定叛乱而与王阳明一同出生入死的勤王战士们也无端遭到猜忌。换言之,这实际上就是对阳明派的压制。

尤其是其弟子冀元亨(号闇斋)以协助阳明谋反的嫌疑遭受调查。元亨是王阳明之子正宪的家庭教师。

宸濠之乱爆发前,元亨曾代替王阳明为朱宸濠讲学。于是,张忠、许泰等人以此为由,诬陷王阳明与朱宸濠共谋叛乱,这是陷害王阳明的阴谋(也有一说是朱宸濠憎恨王阳明,为了报复便构陷王阳明的爱徒元亨)。

元亨被关进监狱,遭受炮烙等严刑拷问。自此以

> 臣之归省父疾，在朝廷视之，则一人之私情，自臣身言之，则一生之大节。（中略）夫人臣死君之难，则捐其九族之诛而不恤，至其急父之危，则亦捐其一身之戮而不顾。今复候命不至，臣必冒死逃归。
>
> （《王阳明全集第四卷，奏疏·下》）

作为人臣，如果死于国难，即便捐其九族也在所不惜；而如果是为了急父之危，即便有杀身之祸也无所畏惧。王阳明这种思想的根本，其实就是儒学的根本伦理"孝"的理念。

在功利主义蔓延的现代人中，豁出性命也要坚持对双亲尽"孝"，这种想法或许很难理解。

王阳明的这种为了急父之危不惧杀身之祸的精神，不禁令我想起因为要对母亲尽孝便脱藩的中江藤树，以及不惜打破国家的典例也要坚持对主君"忠孝"的赤穗义士来。

"致良知"说的发展

此时的王阳明思想已经超过了朱子学说。事情要追溯到稍早的正德十五年六月。王阳明收到了朱子学者罗钦顺

（1465—1547，号整菴）的来信。罗钦顺比王阳明年长七岁，时任南京吏部右侍郎之高职，曾经和王阳明一同反抗刘瑾，削官为民。

信中，罗钦顺就有关王阳明寄过来的《古本大学》《朱子晚年定论》提出了质疑和严厉的批评。罗钦顺在一年前已经读过《传习录》，王阳明对罗钦顺来信中认真谦虚的姿态非常感激，很快就给了回信。

这封信收录在《传习录》中卷里，名为《答罗整菴少宰书》。信中王阳明的言论可谓石破天惊，极具冲击力。

> 夫学贵得之心，求之于心而非也，虽其言之出于孔子，不敢以为是也，而况其未及孔子者乎？求之于心而是也，虽其言之出于庸常，不敢以为非也，而况其出于孔子者乎？
>
> 夫道，天下之公道也，学，天下之公学也，非朱子可得而私也，非孔子可得而私也，天下之公也，公言之而已矣。

王阳明不仅否定了朱子，也否定了对孔子的权威盲目崇拜。

为什么这么说呢？因为对于思考、发现真理的主体——心来说，不仅是佛教、道教，连孔子的教诲也不过是素材而已。

王阳明认为绝对的权威在于自己的心中，主张确立主体性的重要性。

当然，王阳明的这番言论自然会遭受到保守的朱子学派强烈攻击，但王阳明在思想界成名立家已有十余年，他的革新思想也受到欢迎，"学乃天下之公学"这句话更是风靡一世。

此时此刻的王阳明可以说是发出了一篇思想与内心的自由宣言，那就是绝不盲从强加于内心的一切权威。对于从小就被强制学习朱子学，像曾经的王阳明一样苦恼的人们来说，这种思想无疑是一个福音。

前文已经提过，王阳明承认了罗钦顺他们指出的关于《朱子晚年定论》的编辑错误。在汇集朱子晚年悔悟的这部论稿中，严格地说并非都是朱子晚年的东西。王阳明虽然承认有一部分不够严谨，但他仍毫不卑屈堂堂正正地主张，对于在《朱子晚年定论》中展开的自己的观点无须更改。

不过，后来王阳明不得不辩解，说是由于自己过于想要调和自己与朱子的观点才导致了这些差错。

不久，以这次和罗钦顺的辩论为契机，王阳明旗帜鲜明地提出了和朱子的不同之处。

一直以来，王阳明有着这样的一种心态，那就是尽量避免与朱子学者们产生无谓的争执，免得遭到众人的嫌恶。这种心态与其对待皇帝和他身边的奸臣们的心态是一致的。王阳明的这种谦虚抑或是温和，在某种意义上反而增添了自己的苦恼。王阳明提出自己的主张，但从不攻击对方，也不为之生气。从这个意义上说，他是一个极其隐忍之人。

与罗钦顺的故事还有后话。罗钦顺对于王阳明的回信重新写了一封给王阳明的书信，但听到王阳明突然去世的消息后，没有发送就保存了下来，后来收录在《困知记》中。根据那封没有寄出的信，罗钦顺最终似乎也未能完全理解王阳明的思想。

王阳明原本是朱子学徒，能够完全理解朱子学思考方式的罗钦顺，但是习惯于朱子学思考方式的罗钦顺，却未必能够理解阳明学了。

同年夏天，王阳明的学说有了新的发展。王阳明开始跟弟子们谈论"致知"。"致知"才是阳明学的中心教义。

朱子将"致知"理解为"传播知识，加深知识"。但是，王阳明却不同。他认为每个人心中都有天生的"良知"，要充分发挥出来，这便是"致知"。"致知"的本义是"达到良知"，这与后来提出的"致良知"这一说法相关联。

王阳明曾对陈九川（1494—1562，号明水）和邹守益等人这样说道："人胸中各有个圣人，只自信不及，都自埋倒了。"

这是对"圣人"也就是"良知"的绝对的确信。在朱子学看来，这种思想无疑已是异端。但这对阳明学而言，则具有划时代的意义，是非常有魅力的。在以往的儒家教义中，圣人存在于人们的外部，而且存在于人们永远也无法企及的高处。但是，阳明学认为圣人存在于所有人的内心，由此促进了人人平等的自觉。

王阳明唤醒人们恢复作为人的尊严。如果把经典中的教义当作绝对的真理，只能按照其教义生活，那么人的价值就会受损。王阳明主张，比起经典，重点是人们的心中，每个人心里都存在着圣人。

> 圣人之所以为圣，只是其心纯乎天理，而无人欲之杂。犹精金之所以为精，但以其成色足而无铜铅之杂也。人到纯乎天理方是圣。金到足色方是精。然圣人之才力，亦有大小不同。犹金之分两有轻重。
>
> （中略）故虽凡人。而肯为学，使此心纯乎天理，则亦可为圣人。（《传习录》上卷）

阳明学思想的最大魅力，在于承认心中存在崇高的价值,承认心中有圣人的存在。"个个人心有仲尼","满街都是圣人",从这些话中,我们也可以窥见阳明学的根本思想。

与王心斋的会面

正德十五年七月,王阳明上奏《重上江西捷音疏》(战胜捷报),将擒获朱宸濠、平定叛乱的功劳记在御驾亲征的武宗和太监张永、张忠、许泰等人的名下,武宗一行人"功成名就",遂于八月撤离南昌。九月,王阳明回到南昌,尽力恢复百姓的生产和生活秩序。

这时候,来自江苏省泰州安丰城的王心斋(1483—1541,名艮,字汝止)投入王阳明门下。后来,他与王龙溪一派一起成为阳明学左派(激进派)的中心,是泰州学派的始祖。由于将良知视为当下即成,强调"相信良知",因此他们亦被称为"良知现成派"。

如果做不到完全相信良知,那就只能依赖于知识和书籍。致知就在于发挥完美无缺的良知,无须来自外部的补充。王龙溪认为,为了使良知不受人的欲望影响,人们必须增加对良知的信赖度。

在这种思想的宣导下,四书五经的价值降低了,但是在王心斋的推动下,阳明学被樵夫、陶工、农民等平民百姓所接受，逐渐走向大众化，成为一项振奋人心的精神运动（王心斋恐怕是中国第一个商人学者）。

我们还不能不提王心斋和王阳明的相遇。下面是王心斋和王阳明戏剧性相见的一段逸闻。

王心斋是泰州的盐户（国家管理的制盐业者），二十九岁时悟道，提出了自己的格物说。有一天，王心斋听塾师说自己的学说与王阳明的学说很相似，于是立刻前往南昌。他身穿古冠古服，手拿木简，用两首诗作为入门礼，求见王阳明。

起初，王心斋傲然坐在上座。但是，经过一番问答，在讨论格物致知说的过程中，他突然有所领悟，然后深鞠一躬，坐在角落里。

然而，第二天他又来求见，说："我仔细思考了您的说法。昨日鞠躬有点轻率，现在我想与您再辩论一次。"

王阳明高兴于他不盲从的态度，再次请王心斋上座，重新开始辩论。

不久，心斋被王阳明的教诲彻底折服，说道："其他人的学问都是装饰表面，而节操扭曲向外。先生的学问精微细密，得此于心。"说完，他换回常服，行弟子之礼。

王心斋起初名银，后来王阳明给他改名为艮，字汝止。王阳明对弟子说："往日我擒拿朱宸濠，一无所动，今天却为这个人撼动了。"

十二月，武宗回到北京。

提倡"致良知"

正德十六年，王阳明五十岁的时候，弟子钱德洪这样说："先生在经历了宸濠之乱，张忠、许泰之难之后，学问愈加精练，证悟透彻。"王阳明正是通过克服苦恼和困难，来磨砺自己的良知心学。越是艰难困苦，王阳明越是用来锻炼内心。

王阳明提出了"致良知"。自"龙场悟道"以来，苦修二十年的结晶就凝聚在这三个字里。

王阳明的主张，简单地总结一下，大致如下："良知"是孟子的话，是人与生俱来的知悉道德之善的能力。"良知"是心的本体，是"知"。这个心与良知拥有自知之力，所以不需要向外界寻求知识。

而"致知"，不是像朱子所说的那样去探究知识，探究事物中的"理"。所谓"致知"就是发挥"良知"，扩充"良知"。普通人会因为个人的私利私欲而妨碍"良知"的发现，因此我们时时刻刻都要努力消除心中的邪念与欲望。

此时，王阳明再次评价陆象山（1139—1192，名九渊）兄弟。赞扬陆象山，就意味着对朱子学的批判，从中我们可以看出王阳明基于"致良知"的自信。

其实,王阳明的心学是对陆象山心学的继承和发展。

陆象山生于江西省抚州金溪县。当时,各地都特别优待圣贤的子孙,王阳明命令那里的官员优待陆象山的子孙。同年七月抚州知府出版了《象山文集》,王阳明受托作序,写了如下内容。

> 圣人之学,心学也。至孟子以后,此学既灭。至宋周、程二子,始复追寻孔、颜之宗。自是而后,有象山陆氏,虽其纯粹和平若不逮于二子,而简易直截,真有以接孟子之传。

一般来说,陆象山的思想与朱子不同,被指为禅。王阳明的这次评价可以视为对陆象山的辩护。陆象山是和朱子同时代的人,也是互相尊敬的对手。但是,因为是朱子的对手,所以没有得到正当的评价。王阳明也是在逐渐了解象山之后,才开始敬重起来的。

阳明学也被称为"陆王之学",所谓陆就是指陆象山。而且,提倡"心即理"的是陆象山,要比王阳明早得多。但是,陆象山将重点放在理上,主张心中直感宇宙之理、天理。朱子则主张从经书中读取道理。相反,王阳明则认为重点在于心,心中生出万理。理(良知)

从一开始就存在于心中，并且发挥理，这就是王阳明所说的"心即理"。

在这里，我来讲一下王阳明与孟子的关系。先从结论来说的话，孟子是良知之学阳明学的鼻祖。

孟子（公元前372—前289）认为"人性本善"。他是距今2300年前，在孔子死后一百年的战国时代中期唯一坚持主张性善说的思想家。

在儒学中，孔子是圣人，孟子被尊为"亚圣"，是仅次于圣人之意。据说孟子是孔子之孙子思的私淑弟子，而子思受教于孔子的高徒曾参（曾子）。

王阳明在其著作《象山文集序》中明确表示，陆象山之学是孟子学说的直接继承。陆象山每有机会都说自己的学问始于孟子，据传陆象山对《孟子》的"公孙丑"篇特别感动，尤为喜欢"尽心"上篇里的"尽其心者，知其性也。知其性，则知天矣"这句。

使自己的真心得到充分发展的人，就会觉悟到人的本性生来是善良的。人性本善，一旦悟透这一点，就是懂得了天命。这句话深深地感动了陆象山，这与他的"宇宙即吾心，吾心即宇宙"原理是相通的。人的本性和天，世界和我，并不是两个分离的存在。

王阳明对陆象山的"心学"深为感动，把它发展为阳明学。

体现孟子思想的《孟子》在日本曾被视为非常危险的书籍，为统治者所不容。原因与明朝的太祖洪武帝讨厌孟子的理由相同，因为其中含有承认革命的想法。但是，孟子只不过是理所当然地肯定了中国传统革命的"易姓革命"。

"易姓革命"中的"革命"一词来源于易经的"革"卦中的"汤武革命，顺乎天而应乎人"，意思是殷的祖先汤王与周武王都是革了前朝夏、殷的天命，上顺天时，下合民意，是势所必然的行动。

另外，"易姓"这个词出自《史记》，意为王朝的更迭。

孟子作为儒家信奉天命思想，认为天子（皇帝）是受天命来治理天下的。当天子"家（姓）"中出现不德之人，民心背离，天命转移之时，其他有德之人建立新王朝，这种"易姓革命"则是理所当然的。本居宣长、平田笃胤等人也对《孟子》保持警惕和厌恶，这种倾向一直持续到江户时代的中期，但在末期的动乱期间，反而产生了像吉田松阴那样对《孟子》的崇拜者。

下面的话，在《孟子·告子下》中，也被引用到《传习录》中。

> 故天将降大任于是人也，必先苦其心志，劳其筋骨，饿其体肤，空乏其身，行拂乱其所为，所以

动心忍性，曾益其所不能。

安政元年，松阴的老师佐久间象山在的松阴偷渡事件中被问罪，囚禁在江户传马町的监狱里，为了激励同样囚禁在隔壁牢房的松阴，他每日大声地朗诵一次孟子的这段名言。

除了王阳明之外，没有人更适合孟子这句名言了。

第四章 阳明学的确立

王阳明恢复名誉

正德十六年（1521）三月，明武宗三十一岁去世。四月，世宗即位，改年号为嘉靖。

江彬、许泰、张忠等人被处死，前一任皇帝在位时期被解职的各位大臣官复原职。

但是，此前重用王阳明的前兵部尚书王琼却被关进了监狱，据说是因为他和当时的内阁成员杨廷和对立。

五月，王阳明召集了弟子，在白鹿洞（江西省）讲学。实际上白鹿洞是朱子创办的讲学地。也就是说，到了明世宗时代，王阳明终于恢复了名誉。在白鹿洞的讲学实际上是阳明学的一大公开演示。

六月，王阳明被任命为南京兵部尚书。王阳明平定宸濠之乱，功绩显赫，却被任命一个闲职。也就是说，他没有获得晋升（也有升职的说法）。这是他遭受众多重臣嫉妒的结果。

九月，王阳明被允许归省，回到老家余姚。父子重逢，欣喜不已。

此时，钱德洪（1496—1574，号绪山）拜入王阳明门下。他原本修习朱子学，在读过《传习录》后向王阳明提出了几个疑问，并为王阳明的教诲所折服，随后不顾周围的反对投入王阳明门下。后来他与王龙溪并称为"钱王"，代替老师王阳明讲学。王阳明死后，他作为阳明学正统派的中心人物，积极致力于《王阳明年谱》《传习录》《王阳明文录》的编纂。我们之所以能了解王阳明的思想和生涯，多亏了钱德洪。

十二月，王阳明被封为新建伯（新建是江西省南昌县的地名。伯是五等爵位中的第三位），获得光禄大夫（朝廷中的顾问官）的称号，兼任南京、北京的兵部尚书。至此，王阳明平叛戡乱的功绩终于得到朝廷认可。其后，王阳明在越（今绍兴）指导门下弟子。

此时，朝廷围绕明世宗应尊重养父母还是亲生父母而发生一场大争议，史称"大礼议"。在这场争议中，明世宗选择了亲生父母。

围绕这场争议，王阳明的弟子之间也分成了两派。有从朱子学的观点出发觉得应该重视养父母的人，也有从亲情的角度出发觉得应该重视亲生父母的人。王阳明的高徒邹守益反对明世宗，包括他在内的一百九十名大臣后来都被关进监狱，反对派的主谋被流放到边境，受杖刑而丧命的达十六人。王阳明的弟子中霍韬、席书、黄绾等人赞成明世宗。

那么，王阳明是怎样的态度呢？讨厌纷争的王阳明最终也没有说出自己的意见。从阳明学的观点来说，应该是站在明世宗的立场上吧。有一件事似乎可以证实这一点。王阳明弟子方献夫肯定了世宗的立场，他认为没有必要遵从宋儒之说，应该重视人情。王阳明称赞方献夫为无私的人。

"大礼议"耗时达三年之久，最终以皇帝一方的胜利而告终。从对反对派残酷镇压的态度来看，世宗和武宗没有什么大的不同。世宗也信奉道教，政治上完全托付给心腹，一心祈祷长生不老。

良知心学的开展

嘉靖元年（1522），王龙溪（1498—1583，名畿，字汝中）拜入王阳明门下，也有前一年或嘉靖二年的说法。王龙溪是绍兴人，后与钱德洪并称为钱王，作为阳明学左派的领袖之一，在阳明学的发展中发挥了核心作用。特别是王龙溪吸收了佛教、道教的思想，主张儒释道三教融合的哲学。

关于王龙溪拜入王阳明门下流传着这样一则趣闻。

王龙溪的好友中有一个人叫魏良器（字师颜），这个魏良器早在几年前就成了王阳明的门生。当时还是县学学生的王龙溪，因为看不惯王阳明的弟子们头扎方巾（带角的头巾）、身着中衣（礼服的内衣）这种奇装异服，便在背地里大骂他们。尽管他和王阳明的家离得很近，但是他从未想过要去见一面。方巾中衣是古时的服饰，王阳明的弟子们故意地穿着这种古风的服装。

不仅如此，王龙溪还经常劝告魏良器说："良知学妨碍举业（考试），不能听阳明学。"

于是，魏良器为了引导他，想出了一条计策。

一天，魏良器和同门的朋友一起玩投壶游戏（在宴席上，把箭掷入一个壶里的游戏）并一起唱雅歌。这时，王龙溪路过，看到这种情形，便说："你们这群腐儒也玩这种游戏吗？"魏良器回答说："我们是在做学问，可不是一个担板汉（意思是扛着木板的人，被担板挡住看不见另一面，指的是只看事物的一面看不到整体的人）。你只是不了解我们而已。"

以此为契机，王龙溪开始师从王阳明，这与吉田松阴的弟子久坂玄瑞邀请高杉晋作投入松阴门下时的逸闻有些相似。一心要当一名剑客的晋作，逐渐对朋友玄瑞的师父松阴产生兴趣,最终如玄瑞所愿,从内心敬佩松阴,成为他的弟子。王龙溪和高杉晋作都是谨言慎行和颇为自尊的人,不会轻易盲从他人或随波逐流。

一月,王阳明上奏"(平定宁王之乱)有功的同僚和下属都没有受到封赏,不应该只有臣一人受到重赏",请求皇帝削去他的爵位,把这份功劳让给王琼。然而,请求没有被理睬。

二月,王阳明的父亲王华去世,享年七十七岁。王阳明病情复发,卧床不起。不过这段时间由于朝廷没有让他出仕为官,直到五十六岁的大约六年间,王阳明得以一直在越地(今浙江绍兴)专心讲学。

然而,在这期间,御史程启充、梁世骠和给事中章侨等人上疏弹劾王阳明提倡异学,明世宗于是下诏禁止传播阳明学。幸而由于王阳明的弟子,同时也担任刑部主事的陆澄为王阳明积极辩护,世宗最后也收回成命,风波平息。

嘉靖二年(王阳明五十二岁),或许是肺病复发的原因,王阳明痰咳不止,在夏天整整卧床两个月。此间,敬仰他的门生逐渐增多,嫉妒他、敌视他的人也越来越多。

嘉靖二年二月,朝廷举行会试,出了一道以王阳明心学为主题的题目。王阳明的弟子们也参加了这场会试,然而,这场考试却含有将王阳明心学排除在外的意图。

王阳明的弟子徐珊说："我怎能昧着良心以幸时好呢？"于是没有作答就中途退场。

但王臣、欧阳南野、魏良弼等人如实地陈述了王阳明所教授的心学主旨（这三人碰巧都及第了）。

落第而归的钱德洪对于所学不被时代潮流接受而遗憾不已。王阳明安慰他："圣学可以从此明也。吾学岂得遍语天下读书人？今《会试录》虽穷乡深谷无不到矣，吾学既非，天下必有起而求真是者。"

此时的王阳明一边纵情游览山水，一边喜于渐进"狂者之境"。他这样说道："吾自南京以前，尚有'乡愿'意思。在今只信良知真是真非处，更无掩藏回护，做得'狂者'。使天下尽说我行不掩言，吾亦只依良知行。"

这里所说的"狂者"是指做自己认为正确的事，不受任何拘束自由行事的人，也就是为追求理想永不止步的人。《论语》《孟子》中都认为依照中庸之道而行的人境界最高，狂者居其次。王阳明对此却谦虚地表示，他虽以古圣先贤为学习目标，但在行为上却很难做到。

王阳明以孔子的"不怨天，不尤人。下学而上达，知我者其天乎！"这句话为信条，注重实践，不勉强不逞强，按照自己的方式做事，由此可见王阳明已经达到摆脱功利主义的境界。

在这里，我想举个事例来说明这一点。受阳明学影响的石田梅岩和手岛堵庵的"心学"中有这样一段逸事。

有人曾经问一个名叫道悦的热心的心学者，为什么修行心学。道悦这样答道："研习心学之前，我做任何事都是为了某种目的。比如投入精力工作是为了养活妻小，或者是为了得到他人的信任，我一直就被这种'为了'束缚着，四处奔波，十分窘迫。但是，自从研习心学以后，我就不再受'为了什么'的束缚，可以心无旁骛地修行了。现在我就是随心所欲，只管工作，只管修行。"

王阳明决定不顾虑朱子学，开展致良知心学。

正如之前所说，这时的王阳明正在修撰《大学古本序》，并在其中添加了对良知的简单易懂的说明。

> 知轻傲,便是良知。除轻傲,便是格物。

相同的想法，在王阳明的《传习录》下卷中也有谈及。

> 人生之大病，只是一傲字。
> 学须反己。若徒责人，只见得人不是，不见自己非。若能反己，方见自己有许多未尽处，奚暇责人？

弟子相继入门

嘉靖三年（一说嘉靖二年），绍兴郡守南大吉（1487—1541，字元善，号瑞泉）拜师王阳明。南大吉是王阳明曾经担任乡试主考官时选拔的人才。

后来，明末清初重视阳明学的折中派知名人物孙奇逢（1584—1675，别名夏峰）评价道"南大吉是王阳明的高徒"。

南大吉为容纳听讲者而修建了稽山书院。从全国各地而来的门生络绎不绝，听讲学者总是有三百余人。

此时的阳明学的盛况，从钱德洪所写的序文中可见一斑。

> 先生初归越时，朋友踪迹尚寥落。既后四方来游者日进。癸未年已后，环先生而居者比屋。如天妃、光相诸刹，每当一室，常合食者数十人，夜无卧处，更相就席，歌声彻昏旦。南镇、禹穴、阳明洞诸山远近寺刹，徙足所到，无非同志游寓所在。先生每临讲座，前后左右环坐而听者，常不下数百人。送往迎来，月无虚日。至有在侍更岁，不能遍记其姓名者。每临别，先生常叹曰："君等虽别，不出天地间，苟同此志，吾亦可以忘形似矣。"诸

> 生每听讲出门，未尝不跳跃称快。（《传习录》下卷）

八月，中秋明月，一百余弟子在碧霞池的天泉桥边欢宴，喝酒唱歌，放烟花，坐游船，十分欢乐。

这似乎与说教道德、严谨耿直的学者的形象相去甚远，但从祖父那里遗传下来的艺术家气质，却让王阳明的人格更具宽容度。

翌日，因为前一晚的事，王阳明这样训诫道："敬畏和洒落（内心的自由解放）是表里一致、和谐统一的。两者常常共存，最理想的是保持平衡。不能甘愿止步于狂者的境界。"

他还指出，天下混乱的原因在于教育问题。尽管他认可明朝的学校制度，但他也积极评价作为私立学校的书院可以用来"补正学校所不及的地方"，并且主张科举和学校制度等应该恢复原本的理念。

关于科举的问题，王阳明这样回答道：

科举有用无用，全在乎你心。只要有坚定的志向，不患得患失，那么科举也绝不会成为升学的阻碍。

但是，科举考试的备考学习日益盛行，考生的身心都被背诵和修辞所占据，只希望考试及第出人头地，功利得失的念头使得他们心乱如麻。

十月，南大吉发行了《传习录》的续卷（中卷的书简集)。

嘉靖三年,著名诗人董萝石(1458—1534)尽管已经六十八岁高龄,但是仍然放弃诗人生活,投入到王阳明的门下,后取号为从吾道人。

董萝石聆听了王阳明的教诲后,非常高兴地说:"吾今而后,始得离于苦海耳!"这件事情让世人十分震惊。

拔本塞源论

嘉靖四年(1525)一月,诸夫人去世。

王阳明(五十四岁)这个时候写了《稽山书院尊经阁记》。它的由来是因为在稽山书院后方建造的图书馆被命名为尊经阁,并且论述了什么才是真正的"尊崇经书"。其中有这样一句话:

> 故六经者,吾心之记籍也;而六经之实,则具于吾心。

六经是《易经》、《书经》、《诗经》、《礼记》、《乐经》(也有乐记或周礼之说)、《春秋》的总称。

这句话据说是出自陆象山的一句名言:"六经当注我,我何注六经。"

王阳明主张比起儒家经典,内心更具权威。这一言论在顽固的朱子学者看来,是离经叛道的狂言。也正因为如此,他的这一主张绝不是随随便便就说出口的。

此外,他还写了《亲民堂记》《重修山阴县学记》《万松书院记》,确立了既不是朱子学,也不是禅学或是象山学,而是一门独立的心学阳明学。

九月,王阳明回到故乡。

王阳明在五十四岁时所写的信《答顾东桥书》是一篇名作,表达了他当时充实的内心。在后来被收录到《传习录》中卷的这篇文章中,记述了著名的"拔本塞源论"。篇幅稍有些长,以下是从堪称王阳明杰作之一的这封书信中摘录出来的内容:

> 夫圣人之心,以天地万物为一体,其视天下之人,无外内远近,凡有血气,皆其昆弟赤子之亲,莫不欲安全而教养之,以遂其万物一体之念。
>
> 天下之人心,其始亦非有异于圣人也,特其间于有我之私,隔于物欲之蔽,大者以小,通者以塞,人各有心,至有视其父、子、兄、弟如仇雠者。
>
> 圣人有忧之,是以推其天地万物一体之仁以教天下,使之皆有以克其私,去其蔽,以复其心体之同然。其教之大端,则尧、舜、禹之相授受,所

谓"道心惟微,惟精惟一,允执厥中"而其节目,则舜之命契,所谓"父子有亲,君臣有义,夫妇有别,长幼有序,朋友有信"五者而已。

(中略)是盖性分之所固有,而非有假于外者,则人亦孰不能之乎?

在后半部分,他阐述如下:

圣人之学日远日晦,而功利之习愈趋愈下。其间虽尝瞽惑于佛、老,而佛、老之说卒亦未能有以胜其功利之心;虽又尝折衷于群儒,而群儒之论终亦未能有以破其功利之见。盖至于今,功利之毒沦浃于人之心髓,而习以成性也,几千年矣。相矜以知,相轧以势,相争以利,相高以技能,相取以声誉;其出而仕也,理钱谷者则欲兼夫兵刑,典礼乐者又欲与于铨轴,处郡县则思藩臬之高,居台谏则望宰执之要。

故不能其事,则不得以兼其官;不通其说,则不可以要其誉;记诵之广,适以长其敖也;知识之多,适以行其恶也;闻见之博,适以肆其辨也;辞章之富,适以饰其伪也。

是以(中略)而今之初学小生皆欲通其说,究其术。其称名僭号,未尝不曰"吾欲以共成天下之务",而其诚心实意之所在,以为不如是则无以济其私而满其欲也。

呜呼,以若是之积染,以若是之心志,而又讲之以若是之学术,宜其闻吾圣人之教,而视之以为赘疣枘凿;则其以良知为未足,而谓圣人之学为无所用,亦其势有所必至矣!

呜呼,士生斯世,而尚何以求圣人之学乎?尚何以论圣人之学乎?士生斯世,而欲以为学者,不亦劳苦而繁难乎?不亦拘滞而艰险乎?呜呼!可悲也已!

所幸天理之在人心,终有所不可泯。而良知之明,万古一日。则其闻吾拔本塞源之论,必有恻然而悲,戚然而痛,愤然而起,沛然若决江河,而有所不可御者矣。非夫豪杰之士,无所待而兴起者,吾谁与望乎?

"拔本塞源"一词至今仍作为典故而广为人知。所谓拔本是指把大树从根本拔掉,塞源是指堵塞水的源头。即,回溯到事物的根本进行纠正的意思。他认为,要想重塑人类,回归心的本体,切断恶的根源是非常重要的。在这个"拔本塞源论"中,王阳明把自己定位为"狂者"。这是默认了他被称为朱子学的异端。

此外,王阳明也重视"自得",也就是让自己的内心接受的姿态。不管谁说了什么,都鼓起勇气以正学为目标,表明贯彻自己信仰的觉悟。

十月,在越城(绍兴)的西面,门人们建造了阳明书院。此后三年,这里成为讲学和传道的总部。

死亡的预感和四句教

嘉靖五年,王阳明五十五岁。十一月(也有说五月),继室(续弦)张氏生下一子,取名正亿。王阳明晚年得子,喜不自禁。但是,继子正宪(十九岁)以此为缘由开始游手好闲,行为不端,即使在战场上,王阳明也担心正宪。对王阳明来说,家庭并不是休息放松的地方,这令他苦恼不堪。

另外,王阳明还有经济上的烦恼。这一年,七十九岁的林司训老人为了去见王阳明,走了几百里路。以前,王阳明可怜穷困的林司训,托县令派他去江西的一个小镇当教师,现在他年事已高,失去了这个职位,变得穷困潦倒。但是,对于想要回乡的林司训,王阳明却没能给予金钱上的帮助。

之后,王阳明写了一封饱含慰劳之情的书信寄给林司训。

在信中,王阳明对自己力量不足的叹息和悲哀,直接表露无遗。以下是摘录部分内容。

> 嗟乎！昔王道之大行也，分田制禄，四民皆有定制。壮者修其孝弟忠信；老者衣帛食肉，不负戴于道路；死徙无出乡；出入相友；疾病相抚持。乌有耄耋之年而犹走衣食于道路者乎！
>
> 吾为此惧，揭知行合一之说，订致知格物之谬，思有以正人心，息邪说，以求明先圣之学，庶几君子闻大道之要，小人蒙至治之泽。而晓晓者皆视以为狂惑丧心，诋笑訾怒。予亦不自知其力之不足，日挤于颠危；莫之救，以死而不顾也。不亦悲夫！

翌年，五十六岁的王阳明官至都察院左都御史之高位，应该是相当有钱的吧？尽管如此，王阳明并不是像其他高官那样收受贿赂的世俗之人，他把自己的钱都用于义勇军津贴和粮款，都用于救济贫苦农民了。

王阳明就是这样，尽管自己身患疾病，生活清贫，却始终怀有救世救难的志向。

十二月，他受安福的同志们结成的"惜阴会"所托，作了《惜阴说》。在《惜阴说》中，王阳明提道：

> 天道之运，无一息之或停；吾心良知之运，亦无一息之或停。良知即天道，谓之"亦"，则犹二之矣。知良知之运无一息之或停者，则知惜阴矣；知惜阴者，则知致其良知矣。

王阳明的"良知说"变得逐渐深刻。

嘉靖六年四月，邹守益发行了《阳明先生文录》。王阳明指定钱德洪负责本书的编辑。这本书是邹守益一再恳求王阳明才得以实现的。

六月，王阳明被紧急任命为都察院左都御史，奉命平定思恩、田州（当时广西）的叛乱。虽然王阳明因为身体健康状况不佳提出辞退，但未被朝廷恩准。这时，王阳明的结核性发热和咳痰的病情日益加剧，还出现了一旦咳嗽就喘不上气，只有过一会儿才能恢复呼吸的症状。

王阳明曾对弟子霍韬说："责任之大，我已无力为之。这种任用，更不如说是要杀我。"王阳明在这次的敕令中有了死亡的预感。

这一切都是皇帝身边的桂萼的阴谋，他对王阳明一直心怀不满，不断在皇帝身边中伤王阳明，甚至在王阳明死后也鼓动皇上不授予其恩典。

九月八日，征讨的前一天。钱德洪和王龙溪就王阳明的《四句教》进行了交流，二人围绕着这四句教的解释产生了意见分歧。不久二人到王阳明的宅邸拜访请教。王阳明在天泉桥边与他们二人对话,因此这段对话也被称为"天泉证道"或"四句说问答"。《四句教》即为:

> 无善无恶心之体,有善有恶意之动,知善知恶是良知,为善去恶是格物。

这四句是阳明学的宗旨。《四句教》也被称为《四句诀》《四言教》。

心的本质超越善恶,善恶的产生是因为人意志的转移,辨别善恶的良心的作用即为良知,行善事而不作恶,保留天理而舍弃人欲,这就是格物。

此时,有关《四句教》的王阳明思想中,已有阳明学分裂的萌芽。王阳明所担心的事情,在他死后成为现实。阳明学分成了以钱德洪为首的右派和王龙溪为首的左派。不过,在提到王阳明去世后的阳明学派时,人们有时也将其分为钱德洪、邹东廓的正统派,以罗洪先(念庵)为中心的右派和以王龙溪、王心斋为中心的左派这三大派别。

走向死亡的旅程

王阳明启程,远赴广西荡寇。弟子们在途中请求会面,由于兵事繁忙,大多不得不拒绝。但徐樾(?—1551,字子直,号波石)始终追随着王阳明的船,终于被允许上船。徐樾后来成为王心斋的弟子、泰州学派的核心人物。

十月,王阳明抵达南昌。参拜了南浦的孔庙,在明伦堂讲授《大学》,二三百名听讲者聚集一堂,堂内都挤不下了。

这时,前来迎接的是唐尧臣。他原本不信王阳明的学说,但是,他在听讲之后,为王阳明的人格所倾倒,拜入王阳明的门下。在吉安,王阳明站在三百多名弟子面前讲学。故地遇旧识,王阳明多少恢复了一些精神。

十二月二十六日,王阳明到达南宁。沿郁江溯流而上的途中,得知这里有他孩提时憧憬的名将马伏波的庙,于是前往参拜。眼前的情景竟与少年时代做的梦一样。十五岁的时候,王阳明曾在梦中到马伏波的庙中拜谒,并在醒后赋诗一首。王阳明十分仰慕马伏波的人品和功业,对于眼前的这种不可思议感慨颇深。

通过事先打探,王阳明得知叛乱是由朝廷派来的官员治安政策不当,招致百姓不满而引发的。王阳明立刻向朝廷奏明实情,他的献策得到认可,受命执行。

王阳明首先除去湖广省的数千名士兵,解散了征召来的数万名兵卒。士兵们几天内就各自返乡。这是为了向暴徒们表明朝廷并无征讨之意。暴徒的首领卢苏、王受得知新任的镇抚总督是大名鼎鼎的王阳明后,乞命投降。王阳明发布告，如果在二十日内不投降，就等于自寻死路。结果，他们率领部下头目数百人投降，除他们两人被处以一百杖刑以外，七万余人全部释放归农。

王阳明对他们说："朝廷免你们一死，是因为皇上仁爱，天地有好生之德。我对你们施加一百杖责，则是秉公执法，恪尽人臣的义务。"

就这样，王阳明不战而屈人之兵，收服了思恩、田州的暴徒。和以前一样，王阳明也在这里开办学校，通过教育来实现安定。

嘉靖七年八月，王阳明对广西的八寨、断藤峡的诸流贼进行了为期一个月的围剿。听说这些流贼是一些此前从未服从过明朝的刚烈之人，此时自愿成为王阳明的部下的卢苏、王受率领的民兵们积极踊跃，发挥了重要作用。

在朝廷手握实权的桂萼又提出让王阳明继续出兵交阯（越南），但是遭到王阳明的反对。

王阳明不媚权贵，先是拒绝向当时的掌权者交出朱宸濠，这次又是公然拒绝，真是铁骨铮铮。

九月，王阳明抵达广州城（广东）。朝廷奖励功劳的圣旨和赏赐送到了，但王阳明肺病和慢性肠炎恶化，全身水肿，身体极度衰弱。在如此重病之中，王阳明还给弟子写了一封言辞恳切的信。

但是，由于桂萼、杨一清等人极力作祟，皇上的恩赏被取消。弟子方献夫、霍韬为王阳明辩护，上奏王阳明的功绩，但都徒劳。

同年，王阳明在给陈九川的信中向弟子们表达了如下遗憾之情。他说，近来，已无人知晓"致良知"了，但实际上，能在此下功夫的人却少之又少。大家还没有真正领悟到"良知"，而且把"致"字看得过于简单。

同一时期，关于"天地万物一体之仁"这一思想，虽然在"拔本塞源论"中也曾提及过，但在生命的最晚期，他做出了更为具体的表达。

"天地万物一体之仁"说与"心即理""知行合一"并列为阳明学的基本思想。下面我简单地说明一下。

"良知"，即是仁。只要有这个仁，就不能对自己以外的人们的痛苦视而不见，救济天下万民的困苦。

"万物一体之仁"促进了社会实践的必要性。把"仁"换成"友爱"，似乎就容易理解了。

这时王阳明规定"良知"的本体是"真诚恻怛"。所谓"真诚恻怛"，是指深切地体会痛楚，不可抑制地生发出来的爱。

王阳明的最后时刻

十月，王阳明病重想要回乡治疗，上奏朝廷但是迟迟没有得到肯允,在酷暑中他的身体日趋衰弱。无奈之下,王阳明在没有得到许可的情况下踏上归途。后来也是因为这次无视朝廷之举,给了桂萼可乘之机。

十一月初,王阳明请求辞去官职,乘船走水路匆忙返乡。

到达南安府(江西省)时,时任南安当推官(司法官)的弟子周积前来求见,王阳明说:"病势危亟,所未死者,元气耳。"

二十八日,船停靠青龙铺。二十九日辰时(上午八点左右),王阳明召周积进来,说:"吾去矣。"周积流泪问:"您有何遗言?"王阳明嘴角微微一笑:"此心光明,亦复何言?"然后静静地闭上了眼睛。

根据另一个版本,黄绾的《王阳明先生行状》所记载,王阳明临终之际,家童问他:"您有何嘱咐?"王阳明回答道:"他无所念,平生学问方才见得数分,未能与吾党共成之,为可恨耳!"

嘉靖七年(1528)十一月二十九日,王阳明在江西结束了五十七岁的一生。这一年是阳明学左派之集大成者,也是最后一个人物——李卓吾(1527—1602)出生后的第二年,也是德国伟大的画家杜勒(1472—1528)去世的那年。杜勒仅比王阳明早出生一年,几乎是生活在同一时期的人物。

王阳明的遗体被赶来的弟子们郑重装殓,嘉靖八年二月移棺至越城（绍兴）。途中，各地的人们拦路送别，悲声惊动天地。

同月，在越城举行了盛大的葬礼。同年十一月，一千多名弟子一起将其安葬于距绍兴三十里的洪溪，送殡者多达数千人。

尽管王阳明有数不尽的丰功伟绩，但由于桂萼等反对势力的阴谋，从1529年到1567年间，朝廷以王阳明提倡伪学为由，停止了王家世袭爵位以及一切恩典。1529年，朝廷下达了禁止伪学的禁令，但幸而还没有流放相关人员。黄绾、周延纷纷上疏为王阳明辩护，但没有得到朝廷理睬。王家的遗孤被乡里恶党们驱逐，幸而在弟子们的帮助下，总算得到了保护。

从1530年代开始，阳明学出现复兴征兆。之后，各地开始供奉王阳明，修建了阳明学系的书院（私立学校），并发行了《文录》《年谱》等。为了普及阳明学的思想，弟子们纷纷活跃起来。隆庆元年（1567），穆宗继位。王阳明死后三十九年，终于被朝廷追赐为新建侯，谥号文成。翌年，王阳明之子王正亿娶黄绾之女为妻，继承了王阳明新建伯的爵位。

1584年，王阳明被从祀于孔庙。也就是说，他终于被后人承认为传扬孔子教诲之人。

尾声

前文概略性地介绍了实践道德的主倡者王阳明的一生。文章之中不乏稗闻野史,不过还有一段逸事值得一提。

实际上,王阳明以惧内而闻名。妻子诸氏似乎对王阳明的学术活动完全不理解,夫妻生活似乎很不幸。

但是,也有这样一个故事。在宸濠之乱中,王阳明被敌人包围之时,他与夫人诸氏和儿子王正宪一起同行。王阳明和夫人分开换乘了小船,要悄悄地逃走的时候,诸夫人手持利剑,态度坚决地说:"你快去吧!不要担心我们。别磨磨蹭蹭的,我会用这把剑来保护自己!"

这是弟子钱德洪从当时在王阳明身边的幕僚龙光那里听说的。如此看来,民间传说也不可全信。不过,我觉得正是这种充满人情味的故事,才使得王阳明这位伟大的思想家形象反而更让人感到亲近。

那么,王家后来又怎么样了呢?亲生儿子王正亿于

1577年去世，其子王承勋继承了爵位。但是因为承勋的长子王先进无嗣，王阳明的子孙们便开始了爵位的继位之争。令人遗憾的是，不是主张"忠君爱国"而是主张"爱国亲民"的阳明学并没有被他的子孙们继承，随着明王朝的灭亡，王家也宣告终结。

第二部

阳明学的思想

第一章 什么是阳明学

心所拥有的力量

在宋代（960—1279），佛教和儒教占据着强大的主导地位，但进入明朝（1368—1644）之后，二者已经丧失了原有的活力。阳明学就是在这样的时代背景下诞生的。

那么，什么是阳明学？

简单来说，阳明学是一门主张陶冶心灵、磨砺心性的学问，更是一门帮助我们"理解世间万物一体的观念，消除心中纠葛，树立不动心"的学问。

在本书中，我愿就阳明学的核心概念"心"阐述拙见。

人类同万物之间存在三重关系。"肉身、心灵（魂）、精神（灵）"三者造就了人。

人借助肉身，经由感觉与物质世界相连；透过心灵，铸造属于自己的世界；借助精神，看到肉眼不可见的事物，超脱至两界之外的全新世界。

心，指的是感受到喜欢或讨厌、愉快或不快、喜悦或痛苦等感情。

对待感情，人们有两种选择：一是任由感情支配，整日生活在感情的操纵之下，纠结烦恼；另一种是掌控感情，以平常心对待万事万物，准确地运用判断力来应对生活。选择不同，其人生也迥然有异。

王阳明就是注意到了心灵对人生的决定性作用。

只要内心展开想象，身体就会随之做出反应，由此可见心灵所具有的强大力量。比如，我们想象一下梅干或柠檬吧，想必无论是谁，口中都会分泌唾液。

心灵还可以起到安慰剂的作用。医疗记者诺曼·卡森斯曾在书中记录了这样的实验结果："把安慰剂当成维生素C服用的患者组，相比于把维生素C当成安慰剂的患者组，患感冒的人更少。"能产生如此神奇的效果，正是因为安慰剂激发了患者内心深处对生存的渴望。

又或者类似夜里做了非常可怕的噩梦，惊醒的瞬间心脏还在怦怦直跳。这样的经历正印证着心中的意象与现实的具象同样会对人造成很大影响。随着心理状态出现变化，身体和行为也会发生变化。

接着，让我们来探讨一下心灵的神奇力量。你是否有过这样的感受：明明是司空见惯的风景，心中却萌生了初见般的新鲜感？你又是否有过这样的经历：黑夜里，在恐惧的驱使下，房间里的所有物品都变得十分诡异，但那明明只是早已熟悉的房间而已？

这些与平常看似不同的地方，其实并非肉眼所见，而是内心所见。心理状态发生了变化，眼中所见也会随之改变。

面对讨厌的人，不仅仅是对他的所作所为，甚至连他的穿着打扮都会心生厌恶。与之相反，面对喜欢的人，就算他衣物脏得不行也都可以忽略无视。而且，很多疾病的成因也可以归结于心理原因。压力导致的疾病便是如此，对某件事过分担心，很有可能导致肠胃和心脏不适。

明明是熊熊燃烧的烈火，有人却能泰然自若地从上面走过。明明是烫手的火盆，有人却能赤手端起甚至不留一点损伤。一个又一个例子都在向人们表达着：只要相信内心的力量，世间就没有什么不可能。

思想和心理状态就是这样对我们的身体施加巨大影响。

但是，尽管心灵有着如此强大的力量，但在当今利己主义和日益复杂的社会生活带来的压力下，现代人心中的力量已经被大大削弱了。

心灵健康

"破山中贼易,破心中贼难。"

王阳明认为,把罪大恶极的犯人押进监狱,与社会隔绝固然是重要之举,但若想从源头减少犯罪,灭除自己与世间众人心中的私欲才是治本之策。当今世界,美国在不断加修监狱,但监狱却永远"供不应求",酿成的恶果就是囚禁三五年的判决只能流于形式,为了收押新犯人,这些犯人甚至短短几个月后就会被释放。

心灵要想健康,首先,不要逞强;其次,不要勉强,一切从自己能做到的小事开始实践。行动的同时不怠惰于陶冶心灵,这才是当下我们所面临的课题。

再者,"反正就我一个人"这样消极的、破罐破摔的生活态度不可能为人生带来充实感。"反正就我一个人"的生活状态、"我的心灵问题与环境和社会无关"的想法背后,实际上潜藏着将世界区分为"我"与"非我"两种对立关系的思考方式。

为了清除污垢,我们会定期洗澡、清洗衣服、打扫房间,也会每日打扮自己,努力保持美丽。但在注重外表的同时,人们却很少留意心灵的保养。在王阳明看来,人如若不能每日清洁心灵,不经意间心灵就会失去光辉,蒙上阴霾,进而引发心理疾病。

这样看来，我们必须努力维持心灵之美，像关爱身体健康一样每日关注心的健康。心灵得到了净化，自然环境与人类社会也会得到净化。

发挥良知

阳明学学者中村敬宇翻译并发行的心爱之作——塞缪尔·斯迈尔斯的《西国立志编》（原题为《拯救自己》）中有这样一句话："苦难是最好的老师。"

其实，谈及阳明学的魅力，大抵没有比这句话更与之相符的了。短短八个字完整地传达了阳明学的核心，想必中村敬宇正是基于对阳明学的理解才对这本书产生共鸣的吧。

阳明学，是创始人王阳明在现实中克服艰难困苦，不断磨砺心灵的历程体现，是其思想的结晶。将自己置身于熙来攘往的社会生活中，努力克服工作、家庭中的种种困难，心灵才能得到磨炼。这样的教义与现实生活息息相关，因而广为世人重视。

阳明学认为，无视复杂的人际关系与现实生活（即佛教中所指俗世）的心灵陶冶，不仅达不到预期效果，更是毫无意义。阳明学并不要求人们躲避繁杂尘世，隐居山间修身养性。"事上磨炼"四字才是王阳明的观点。

"隐居山中为何做不到心灵的修行？"怀有如上疑问的

读者，请一定要学习阳明学。在"独自远离凡尘俗世"的观念背后，隐藏着将世界一分为二的思维方式，正如"宗教人生与俗世人生""人类与自然""我与你""心灵与身体""理想与现实"，都是以分析的视角看待世间万物，在生活的方方面面附加条件，加以测量比较。

再者，生活中如果怀有"我与他人是对立关系""他人的生活与我无关"的想法，不仅很容易使人陷入利己主义与功利主义之中，而且这类人的心中也只会被源源不断的不安与纠葛填满。内心的纠葛不仅会扰乱心智，也会招致孤独，浪费在纠葛上的精力更会造成心灵的损伤，内心的老化。

那么，想要填平"我"与"非我"间的沟壑，消除心中的纠葛又该如何行动呢？

王阳明的回答只有简简单单三个字：致良知。将良知推广扩充至万事万物。"良知"即与生俱来的、上苍赋予的道德观念，心灵的本体。良知也可置换为"天理"、"至善"、"真吾"或"诚"。

更简单来说，如果用印度哲学家克里希那穆提所提的"睿智"，佛教用语中的"佛性"，印度圣人赛巴巴所言"自我"（Atman是吠陀宗教中使用的一个术语，表示最深层的内在意识个体的来源。也译为自我——译者注），再或者用民间所说的"良心"来解释应该会更容易理解吧。不过，阳明学的独到之处便是融合了"道"与"易"的思想，其内容更是阐述了"宇宙的本体"。

王阳明意识到社会问题的根源在于心的问题，注意到了心灵的力量，更是发现了潜藏在心底的"良知"。因此，王阳明提出了"拔本塞源论"，认为必须根除万恶之源，猛烈地批判了当时的社会环境。

为了伸张正义，王阳明还主张不应该囿于利害，而要有超越生死、"杀身成仁"的觉悟。

"杀身成仁"一词最早由孔子提出。而王阳明在借鉴时将"诚""仁"二字置于生死之前，换言之，"杀身成仁"所要达到的境界就是克服对死亡的恐惧，立下一颗"不动心"。这就是"万物一体之仁"的境界。

理解和践行"杀身成仁"诚非一日之功。但若能日日将"致良知"铭记于心，内化为行，那么达到"杀身成仁"与"万物一体之仁"的境界就只是时间问题了。

不打诳语

致良知、尽诚也就是"决不对自己说谎"。或许有人会不以为然："这不是理所应当的吗？"那么请阅读下面这则故事。

著名唐朝诗人白居易曾向鸟窠禅师请教：

"何为佛法大义?"

鸟窠禅师的回答是:"诸恶莫作,众善奉行。"

白居易听了答道:"这我早就知道了,这不是理所当然的吗?"

鸟窠禅师却当头棒喝:"三岁小孩说得,八十老翁行不得。"

白居易瞬间羞红了脸。

那么,为什么撒谎是不好的行为呢?

因为人一旦说谎,就会出现真话与假话,由此而产生外在世界与内心世界的区分。言为心声,言语和心灵原本是融为一体的,这才是人类真正应有的状态。谎言会分裂言语与心灵,也会造成言语与行为的背离。如果一个人不能做到表里如一,不久就会陷入层层无力感中,无法享受生活的喜悦。

赖希(Wilhelm Reich,1897—1957,德国精神分析家)派心理诊疗师亚历山大·劳文开发了"生态能"学派,同时以精神科医生的身份活跃在医学界。他曾在书中写道:

> 富有同情心的人也是有原则的人,他不会受环境所支配。甚至可以说,支配他的是根植于其内心的孰为善孰为恶的行为规范。在这个行为规范当

> 中，如果某种事物的合理性与自己的感觉相符时，就很可能隐含着社会所公认的道德戒律。我的导师威廉·赖希曾对我说："劳文，如果不能说真话，那就什么也不要说。"即使通过说谎能得到某种利益，那也不去做，这便是有意识的选择。我们选择真理，是因为它能促进自我与身体，有意识的心智与无意识的冲动的统一。(《身体的灵性》，春秋社)

话虽如此，但在人类世界里，不说谎几乎是不可能做到的事。更准确地来说，如果不能下尽功夫，拼尽努力，不说谎对于凡人而言几乎是天方夜谭。

那么要怎样下功夫呢？阳明学为我们给出了答案。

如果能做到心灵与言语、心灵与身体的紧密结合，心灵就会健康，能量满满。由于没有自我分裂，内心就不会瞻前顾后，也不会为无谓的纠葛与矛盾而浪费精力，更会促进心灵与行动直接相连。心灵的力量得以发挥，那就意味着无论是个人生活还是职场工作，潜能得到发挥，效率也会顺利提升。

自由、平等、友爱的行动哲学

摆脱迷惘，获得自由的前提是不囿于表面的物质与形式。为了永无止境的欲望而浪费精力、荒废人生，真的能获得心灵上的满足吗？

阳明学为我们描绘了一条逃离肤浅物欲，通往开悟的自由之路。只要做到独善其身，不趋炎附势，确立自身的主体性，便可获得自由。阳明学是一门旨在树立主体性的人间学，换而言之，阳明学可谓一门培养"不动心"的自由哲学。

阳明学看重的并非结果。当然，只要在过程中竭尽全力，结果通常不会太坏。过程，才是阳明学最看重的一点（其实将过程与结果分开来看本身就存在着很大的问题，因为结果本就蕴含在过程当中）。

正如努力的姿态让人感受到美一样，努力也有自身的价值。补充一句，就算眼前的努力并没有得到好的结果，其内在也大有裨益。在努力的过程中，意志力、忍耐力、集中力等心灵力量可以得到充分锻炼。而心灵力量的培养与"不动心"的培养息息相关。

阳明学强调控制感情、展现仁爱的重要性，依照圣人论与良知说教导人类何为平等。可以说，阳明学是一门教导自由、平等、友爱的行动哲学。

阳明学中的圣经——《传习录》是一本以王阳明的语录、撰文、书简为主编纂的书籍。本书将以阳明学的教科书《传习录》为中心，尝试解读王阳明的思想哲学。

肉身所处的物质世界与感官世界的虚幻、与人世间种种现象紧密相连的心灵多变都是无法掌控的，但不为变幻莫测的感官世界左右，培养并确立强大的内心却是人为可控的。不是追逐感官的刺激，不是沉醉在欲望中忘却自我，而是控制感情，获得内心的平静，也就是孟子所说的"不动心"，这也是可以做到的。

通过坚强的意志（心）、内心正常的感觉体验和千锤百炼的精神（思考力）所认识到的理念，才是亘古不变的真理。此外，如果不能为净化心灵而努力，不去阻止人类与自然、心灵与身体的割裂，也就无法感受到宇宙与自然和谐一体。

接下来，让我们从阳明学的基本思想"心即理""知行合一""致良知"开始入手。如果我们将阳明学比喻为植物，"心即理"便是植株的花朵，讲述基本的思考方式；"知行合一"便是鲜花散发出的芬芳，讲述其思想的基本原理与具体作用；而"致良知"则是结下的果实，是兼具形态与功用的阳明学精髓。

第二章 心即理

心才是万事万物的原理

"理",即道理,事物的正确原理,条理之意,既是依据也是规范,也可以称其为统管宇宙存在方式的原理,抑或是成为世间万物生成、秩序与调和的根源。

阳明学主张"心即理",即心是万事万物之理,心与万事万物融为一体,心中包含着宇宙的根本原理,心内心外并无对立。

"心即理"为阳明学之本体,是该学说的基本世界观。

关于"心即理",王阳明本人是这样描述的:

> 爱问:"至善只求诸心。恐于天下事理有不能尽。"
>
> 先生曰:"心即理也。天下又有心外之事,心外之理乎?"

爱曰："如事父之孝，事君之忠，交友之信，治民之仁，其间有许多理在。恐亦不可不察。"

先生叹曰："此说之蔽久矣。岂一语所能悟？今姑就所问者言之。且如事父，不成去父上求个孝的理？事君，不成去君上求个忠的理？交友治民，不成去友上民上求个信与仁的理？都只在此心。心即理也。此心无私欲之蔽，即是天理。不须外面添一分。以此纯乎天理之心，发之事父便是孝，发之事君便是忠，发之交友治民便是信与仁。只在此心去人欲存天理上用功便是。"（《传习录》上卷）

或许徐爱的观念来源于在当时处于主导地位的朱子理学，但放眼现代社会，这样的想法仍旧普遍存在。

虚灵不昧，众理具而万事出。心外无理，心外无事。（《传习录》上卷）

"心即理"这一说法最早由与朱熹活跃在同一时代的陆象山提出，经由王阳明得到发展。

在朱子理学的方法论下饱尝挫折，被贬谪至荒蛮之地的龙场后，王阳明不得不对过去的生活方式和价值观进行反省。

无论是王阳明所在的时代抑或是今天，言行不一的学者大行其道，学富五车却品行不端的所谓儒学家大有人在。王阳明领悟到，与其单纯地往大脑里灌输知识和信息，毋如努力消除内心的纠葛、减少欲望，这才是消解内心种种矛盾、恢复心灵本身具备的无穷能量的唯一途径，也是提升人性的唯一手段。

王阳明还意识到，如果本就不是真心接受的教诲、规范或价值观，还要强行在其中寻求自己的判断和行动标准的话，最终只会导致自我异化。

也就是说，王阳明认为，朱子理学向外界事物寻求"理"，那是根本无法将"理"研究透彻的。因为其方法论从始至终都不能让人得到内心的满足，只是单纯地增加学识。

不断增加知识却最终丧失人的主体性，那就永远也不能从"手册人"毕业。如果一个人一生都遵照外界规范、权威、各种手册等人类创造出的教义生活，那这个人注定一生都无法自立。如果一个人不能自立，那他也失去了追求自由的权利。而且，外界权威与规范的绝对化，甚至有可能阻碍文化的进步。

不在自己真心接受的思想或规范下生活，反倒寄生活的希望于外界的"理"，你终将会感到无所适从。举例来说，在无聊的常识束缚下举步维艰，在意他人的视线或价值观,终日如履薄冰,这种痛苦恐怕很多人都心知肚明吧。

能够选择信息的自主性

瑞士思想家爱丽丝·米勒凭借欧美百万销量畅销书《灵魂的扼杀》为世人所知,提倡精神疗法的她根据二十年来的临床经验,对世人发出了以下警告。

> 对孩子进行强迫式的教育会压制孩子的心声,压制孩子的感情,伤害孩子的心灵,并最终导致孩子们出现精神问题,甚至犯罪。

世间有这样一种倾向,把孩子们视作需要驯养管教的"小野人"。为了达到"教化"的目的,孩子们的一举一动都被限制在众多的校规或其他规则下。世人认为,比起孩子们的内心,校规和规则才是绝对正确的,必须得到遵守,性恶论的价值观隐藏其中。

人类的行为规范无关乎外部的"理",只存在于自我的内心。理由心生,王阳明的这一主张现在得到越来越多人的认可。

外科医生伯尼·S. 西格尔著有《关爱·治疗·奇迹》

《西格尔博士的心理健康法》等书。他将自己的本心称作"内在小孩",主张每个人都有潜在的自然疗愈能力。

日本的阳明学者大盐平八郎称本心为"赤子之心",明末阳明学者李卓吾称其为"童心",而王阳明本人唤其为"良知"。遵从自己的本心,就是活出自我,活出主体,否则体味不到生存的喜悦与满足。

每个新手业务员确实都是在写满前辈经验的手册的帮助下才成长为能够独当一面的营业员的,但成长到一定阶段,便会开始摸索一套适合自己的方法论。因为那些面向初学者、旨在培养新人的手册,实际上也是某位前辈心路历程的总结。

现代社会是信息化社会,人们永无休止地追求着信息,论其缘由,不过是因为对自己不自信罢了。加上前途不明朗,很多时候,人们不停搜集信息只是为了掩盖心中的不安。但是,不论知识和信息多么丰富,信息的取舍仍取决于当事人自身。

有这样一个故事。1937年前后,有一名记忆力超强、活跃在特务机关的日本陆军少校在中国从事情报收集工作,有一天他得到了一本苏联发行的《陆军画报》,画报上刊载着苏联水陆两用的坦克照片。这件事发生在诺门坎事件爆发前夕,少校惊觉大事不妙,立刻将照片发往东京。可东京参谋本部一看,觉得"这东西也太蠢了吧",

就把照片扔进了垃圾桶。他们以为照片上的庞然大物不过是个单纯的试验品，无须在意。可等到诺门坎事件爆发后，日军却被这款新武器打得落花流水。

接收信息时，选择的眼光和敏锐的认知力是不可或缺的。如果信息的接收方消极怠慢，信息也就失去意义。判断力、行动力、决策力都属于心灵能力范畴，而信息的收集能力则归属于其他层面。

相比于上述能力，艺术鉴赏力则更与众不同。只有心中充满感性，才能创作出美妙动人的诗歌、画作与乐曲。没有鲜活的感性，就很难获得真正意义上的艺术体验。很多人十分依赖批评家给出的评价，鉴赏艺术作品时，只是带着理性的思维去理解。他们不是用心灵去感受，而是用头脑去理解。

拥挤的公交地铁、拥堵的交通、错综复杂的人际关系、日新月异的技术社会、沟通不足而造成的家庭问题等等，由此产生的压力使得现代人的感知能力大幅下降。

感知力低下，甚至会增加罹患"情感冷漠症"的可能。感知能力麻痹之后，也就感受不到他人的痛苦，其结果就是空留一副缺失温度、不知有爱的躯壳。

主体性的确立是王阳明从始至终强调的内容。知识与信息，活用也好，扼杀也罢，真正的问题在于使用它们的人是否具有主体性，是否具有判断或决策的能力。

卷入信息的洪流，在琳琅满目的信息中迷失自我，不仅会扰乱工作的进程，还会影响到生活的幸福。倘若住在东京这样的世界信息汇集之地，人们都从新鲜的信息中获取刺激，条条目目应接不暇，很多人就这样时日虚度而不自觉。每日置身在信息的刺激之下，哪里还有属于自己的人生可言呢？

想要过好属于自己的人生，心灵的真正权威必须得到恢复。然而，人们却仍旧热衷于从"圣人"的书籍和教义中寻找真理。仿佛权威超脱人世之间，经典比人类更加尊贵。关于经典，王阳明称：

> 故六经者，吾心之记籍也；而六经之实，则具于吾心，犹之产业库藏之实积，种种色色，具存于其家；其记籍者，特名状数目而已。而世之学者，不知求六经之实于吾心，而徒考索于影响之间，牵制于文义之末，硁硁然以为是六经矣。（《稽山书院尊经阁记》）

研习经典内容，钻研圣人语录，又或借助尖端技术细致分析宇宙与自然界，诸如此类的工作，有时穷尽一生的时间也很难参透其中奥妙。况且，即便能够理解并将内容传授给他人，将观念与思想内化为行为，付诸实践又是另一回事。

"腐儒"一词大概在王阳明所在的年代就已出现。没有一点实际用处,只会夸夸其谈、耍嘴皮子功夫的腐儒,无论古今大有人在。

与基督教的共同点

圣人教诲,自在人心,王阳明的思想与基督教教义也有着异曲同工之妙。

> 你们并没有他的道存在心里,因为他所差来的,你们不信。你们查考圣经,因为你们以为内中有永生;给我作见证的就是这经。然而你们不肯到我这里来得生命。(《约翰福音》第五章)

《旧约圣经》里的犹太教时代,很多人都以上帝的教诲作为自己的行为规范,人类被赋予了各式各样的规则与戒律。你要这样做,你要那样做;这个不能吃,那个不能吃;等等。这一切都是因为人类尚不能独立,还需要上帝赐予行动指南。

但随着人类的逐渐成长,不知不觉间,这些行动指南开始束缚起人类的行动。意识不断发达,而固有的指南却仍旧一成不变。这就犹如身子在不停长大，而穿在身上的衣服则日益紧窄，束缚身体，成为行动的阻碍。

人类陷入束缚，急需新的契约来拯救他们，渴求一份新的与人类意识发展阶段相符的行为规范和教义来引领他们。基督教应运而生，赋予了人类全新的教义——《新约圣经》。《新约》中充斥着自立的思想，不仅教导自主的生活方式，更强调权威不在《旧约》或教会当中，而是在每个人的心里。

究其原因，是人类只能看到内心想要看到的东西。所见之物都是人的内心所见，而非肉眼所得。哲学家用哲学思想看待事物；宗教家用宗教教义看待事物；信奉金钱的人，则凭借他的价值观来看待一切。心性不同，则事物的看法也自不相同。心灵得不到净化，经典中的真理也视若不见。

> "好古敏求"者，好古人之学，而敏求此心之理耳。心即理也。学者，学此心也；求者，求此心也。孟子云："学问之道无他，求其放心而已矣。"非若后世广记博诵古人之言词，以为好古，而汲汲然惟以求功名利达之具于外者也。（《传习录》中卷《答顾东桥书》）

孟子说，学问之道就是找回恍惚散漫的心灵。基督教教义与孟子阳明所言之间本质上并无太大区别，诵读《圣经》，拜读儒典，分析、释义、研究并不是真学问。若是还以为深刻理解经典就能成为圣人，那更是错上加错。

再举一个基督教教义的例子。

> 又说，从人里面出来的，那才能污秽人。因为从里面，就是从人心里，发出恶念，苟合，偷盗，凶杀，奸淫，贪婪，邪恶，诡诈，淫荡，嫉妒，诽谤，骄傲，狂妄。这一切的恶，都是从里面出来，且能污秽人。（《马可福音》第七章）

福音的这段内容与王阳明所言简直如出一辙。

> 如今一说话之间，虽只讲天理。不知心中倏忽之间，已有多少私欲。盖有窃发而不知者。虽用力察之，尚不易见。况徒口讲而可得尽知乎？今只管讲天理来顿放着不循，讲人欲来顿放着不去，岂格物致知之学？后世之学，其极至只做得个"义袭而取"的工夫。（《传习录》上卷）

> 君子之学以明其心。其心本无昧也，而欲为之

蔽，习为之害。故去蔽与害而明复，匪自外得也。心犹水也，污入之而流浊，犹鉴也，垢积之而光昧。(《别黄宗贤归天台序》)

阳明学十分重视修心。博览群书，就能获得"爱"的广泛知识吗？书籍的启蒙作用是有限的。污染河水的人，明知这种行为不可取，却还是将污物随意扔弃至河道当中。污染环境的人，其实是因为他的心灵遭到了污染。只要心中功利主义、利己主义一日不除，污染的行为就不会绝迹，河流也不可能变得清澈。所以，我们必须每日清扫心中的污浊，陶冶心灵，使其发挥出良知的作用。

不加区别的思考方式

生活中，我们理所当然地将很多事物加以区分：我与你、人类与自然、心内与心外等等。"我是我，你是你，你我互不相干。"这种话脱口而出，原因就在这里。但在王阳明看来，心内与心外、自己与他人之类的区别是绝不可取的。不加区别地思考事物才能有助于克服利己主义，树立博爱精神，体会"万物一体之仁"。

先生游南镇，一友指岩中花树问曰："天下无心外之物，如此花树在深山中自开自落，于我心亦何相关？"

先生曰："你未看此花时，此花与汝心同归于寂；你来看此花时，则此花颜色一时明白起来，便知此花不在你的心外。"（《传习录》下卷）

阳明学被称作心学，原因就在这里。物质与意识有着难舍难分的联系，换言之，主体（心、眼）与客体（物质世界、被看见的事物）有着不可割裂的联系。

关于感官与现象之间的密切联系，阳明在其他地方也有所描述。气味因鼻子的存在而存在，声音因耳朵的存在而存在，光线因眼睛的存在而存在。这一观点与歌德提出的世界观也有相通之处。

在歌德看来，光造就了人的眼睛，气味造就了人的鼻子，声音造就了人的耳朵。更进一步讲，如果没有心的存在，感官就会失去意义。因为获得感受的不是感官，而是心灵；观看事物的并不是双眼，而是透过双眼去观看的心灵。歌德的自然科学思想，如今也得到了新科学与量子力学思想家们的高度评价。

王阳明主张心无内外之分，万物皆为一体，而歌德也同样否定内与外相割裂，在《色彩论》中，他用十分优美的语言阐述了他的思想。

> 如果眼睛不像太阳，
> 我们又如何能看见光？
> 如果心中没有神的力量，
> 神又如何令我们欢喜？

歌德同样认为，想要获得真知灼见，必须拔除内与外的区别。

看完了歌德的观点，希望你能翻回前一页，再读一遍王阳明南镇观花的故事。人们普遍认为人与物质世界的活动完全无关，并将万事万物分为两类，或者说是把世界分成两个对立的东西。但这种普遍流传于世间的想法，却遭到了王阳明的否定。

将事物区分开来进行思考（哲学上指理念与经验分离的思维方式）已经导致人们陷入对立的思考方式之中。理念与经验，也可以称为思考与行动。在这样的思考方式下，大众会认为世界由两样对立的事物构成：男人与女人相对，昼与夜相对，白与黑相对，正与负相对。

但实际上，在现实中无法真正区分这些对立。举例来说，儿童就不能被称作男人或女人。当然，肯定有人会说："孩子们迟早会成长为男人或女人。"但儿童仍不能算完全的男性或女性。此外，现实中也存在着具有男性特征的女性与具有女性特征的男性。

除了太阳和月亮,宇宙中还有无数行星。月光是太阳光的反射,这一点众所周知。但严格来讲,事实并非如此。宇宙间,除太阳外还有数不胜数的发光恒星。月亮向地球投来的光线,同样包含着太阳之外许许多多恒星散发的光芒。所以也可以说,月光和太阳光完全是两种不同的光。

说完日月,再来谈谈昼夜之间的关系。除了昼夜之外,你一定还知道有一段既不属于昼也不属于夜的时间吧?比如昼夜交替的傍晚时分就是这样,太阳尚未完全落下,而朦胧的月亮却已经挂在天空。

再者,白与黑之间还有着灰色世界,光与暗同栖的神奇世界也同样存在,正与负之间也有〇位列其间。

以对立的视角看待事物,长此以往,人类会逐渐被世界孤立,人与人之间会越来越疏远,渴求爱意的人也会越来越多,即使心灵一直在寻求着与外界的联系,追求与他人的情感共鸣。

阳明学把"心"认作绝对权威,其内容中完美兼备了真诚恻怛之爱的一面与欧洲式"自我哲学"的一面。如果过分强调心灵的绝对性与主体性,会很容易落入利己主义的陷阱。但仁爱、恻隐之情与真诚恻怛之爱可以帮助人们规避陷阱。从这一点上,更能看出阳明学所独有的完美平衡感。

在心与理之间设下区别,与在人与自然、我与你之间设下区别并无两样。伴随着私欲的产生,心与理被割裂开来,人类与自然将陷入对立,自我与他人之间也会滋生嫌隙。私欲会扰乱内心的安宁,造成自我的分裂,招致判断力的失控,正因如此,王阳明才坚定地主张拔除心中的私欲。私欲若不复存在,心灵将不再会迷失,平静也将得到维持,公正的判断力也将发挥应有的作用,更有可能达到不为万事万物轻易动摇的境界。

阳明学是一门关于心的学问,是一门"人类灵魂"的教义。这门教义中并不存在至高无上的神,无论信与不信,心学的大门总是为世人所敞开,只为人的生活提供实践意义上的思想准备。

第三章 知行合一

思想与行动一体

"心即理"学说的诞生受到了朱子理学的影响,而"知行合一"观点却是王阳明的独到见解。

知与行之间的关系千丝万缕,再微小的想法都会立即反映在行动上。这便是"知行合一"学说的宗旨。

也就是说,王阳明认为:以对立的眼光看待事物有百害无一利,内心的活动也可看作行为的一种,世间人生之所以会陷入混乱,正是割裂看待事物酿成的恶果。

心与理一体,心与万物合一,有了这样的思考方式,自然就能得出灵与肉融合、思想与行动合一的思考方式。

在阳明学看来,世界看似由两部分组成,而实际上世界是一体的。这就是阳明学的世界观。

大家不妨尝试一下,当你在自己的内心作某种特定的想象时,你会发现思想与行为的统一。比如当你想要制造出红色时,尽管"想"这个内心活动并不需要让身体行动,但仍需要意识性的努力。也就是说,它与付诸实际行动时一样,也需要意志力。而且内心的行为与变化必定会在人们的体内发生生理性的变化,正如前文所述,当你在大脑里集中注意力想象柠檬时,自然就会明白其中的奥义了。

在讲解"知行合一"的过程中,我经常会引用出生于印度的世界级思想家吉度·克里希那穆提(1895—1986)所说的话。克里希那穆提注意到了与王阳明如出一辙的人生问题,并通过演讲与对话来持续推动人们的觉醒。克里希那穆提的思想给很多人带来了巨大影响,例如作家亨利·米勒、阿尔多斯·赫胥黎,音乐家列奥波德·斯托科夫斯基、耶胡迪·梅纽因,禅学研究者罗伯特·鲍威尔,物理学家戴维·玻姆、弗里乔夫·卡普拉,诺贝尔医学奖获得者莫里斯·威尔金斯,日本表演大师平野善三郎,等等。

虽说克里希那穆提与王阳明注意到了同样的问题,但他没能像王阳明一样简单明快地提出解决问题的方法论,但其出众的洞察力却不可小视。接下来,我将向各位介绍克里希那穆提的部分思想。

思考与感情同为一体,它们原本就是一体的。

（中略）我们的问题并不在于将不同的碎片整合在一起，而是要去理解本为一体的智慧和情感。这类问题并不是靠推翻阶级的统治、构建乌托邦社会、培养出色的政治领导人或宗教大师就能解决的。问题的根源在于内心。（中略）为什么人心是分裂的呢？人的内心不单单会分割思考与感情，还会自觉地将"我"从"你"中剥离，更会将"我们"从"他们"当中割裂。知性与感情是一体的。（中略）心即思考，而思考活动仅仅是区别与分裂。（《转变的紧迫性》克里希那穆提）

分裂在国家意识或是宗教、经济、政治、民族集团中随处可见。整个世界分崩离析，人类的内在与外在也在不断崩坏。本质上，外界的分裂正是源于人类内心的分裂。（《转变的紧迫性》克里希那穆提）

内心分裂成了"我"与"非我"两部分，也因而产生了心中的纠葛。内心不仅在剥离着理性与感性、"我"与"非我"，也在将自我从周围环境中隔离开来。克里希那穆提认为，这同样的思维方式又将"社会分裂为阶级、人种与经济·国家·地理集团"。

在他看来，引起内心纠葛、加剧社会问题的罪魁祸首正是人心。因此，克里希那穆提特别提倡自我认识和冥想，指出这二者都十分重要：前者能够帮助人们从利己主义的欲望中解放出来，后者则为心灵带来静寂。

在大约二十多年前的一九七二年，我邂逅了一本终生难以忘怀的著作，名为《巫士唐望的教诲》，是我在新宿遇到的一位从美国归来的打碟师推荐的。

自一九六八年在美国发行以来，该书一直作为世界级畅销书享有盛名。作者卡洛斯·卡斯塔尼达在加利福尼亚大学求学时，为研究文化人类学而拜亚基族巫士唐望·马图斯为师，并在书中记录了他在成长为巫士道路上的奇幻故事。当时读这本书的时候并没有意识到卡斯塔尼达思想深妙，直到最近我才真正领略到了该书的思想深度与独特魅力。

当今作为反正统文化代表人物的卡斯塔尼达在某次演讲的开头说道：

> 今天，我想让到场的各位做一件事。从现在起，请你们停止判断。不要用"常识"来禁锢自己，也不要摆出一副优等生的嘴脸来听我演讲。以前我曾在一群优等生面前做过一次演讲，他们都是一群腐朽又傲慢的家伙。常识与理想化，正是它们把人变成废物，但人们对它们甘之如饴，不离不

弃。不过只有"猴子"才会这么做！是的，就是唐望送给我们的称号——疯狂的猴子！

我并不生活在两个世界了，我生活在"这个世界"里。我的所说与所作之间没有差异。(《中央公论》一九九四年九月号,《世纪末的巫师——卡洛斯·卡斯塔尼达》, B. 瓦格纳)

唐望法师还说：

日常生活中的世界都是建立在两个参照标准下的。比如说，我方与彼方、内与外、上与下、善与恶等等。也就是说，准确来讲，我们生活的知觉都是二次元的。对于我们的所作所为，知觉毫无深度可言。(中略)巫士们通过深奥程度来感知自己的行为，他们的行为对自身而言是三次元的，也就是说巫士们还有第三种参照标准。(《沉默的力量，意识的处女地》，卡洛斯·卡斯塔尼达)

巫士的世界观与王阳明、克里希那穆提、歌德、施泰纳提出的观点异曲同工，他们的思想共同动摇着所谓"优等生"的世界观。

阳明学中最广为人知的思想

"知行合一"可以说是阳明学中最广为人知的思想，也因此，对"知行合一"的解释也众说纷纭。一般而言是强调其对朱子"先知后行"（认识在先，实践在后）的反论。朱子学认为，人必须先有正确的知识，然后才有正确的行为，这也是世间常识性的思维模式。比如现实生活当中，你要驾驶一辆汽车就必须先掌握有关汽车的构造与驾驶的正确知识，然后你才能正确地驾车上路。由此推而广之，可以得出一个这样的结论：人类在采取行动之前，都要学习圣贤的教诲，知道孰对孰错，否则就难以做出正确的选择。在价值层面上知轻而行重，这就是朱子学的观点。

王阳明也曾经想通过自己的努力，钻研圣贤的教诲，做一个圣人，但是不久他就发现圣贤的教诲难以穷尽，只有极少数人才能做到。而且即使是被冠以"伟大的儒者"称号的人群当中，也无人能将圣贤的教诲付诸实践。更让王阳明烦闷的是，为何世间的儒者学富五车却不能将其转化为行动呢？究竟要把圣贤的教诲钻研到何种程度才算穷尽呢？

后来，王阳明大彻大悟，反驳了朱子的"性即理"、知行割裂的"先知后行"论，提出"心即理"和"知行合一"学说。

王阳明究竟顿悟了些什么呢？

王阳明意识到，无论多么至高无上的教诲，如果学习的一方不能理解接受，那自然也就无法内化为行为；无论向大脑灌输多少知识，但如果忽视了心灵的作用，人性就难以得到培养。即便圣贤教义烂熟于心，倒背如流，如果不能修身养性，尽力排除内心的私欲与烦恼，人仍然不可能做出正确的行为。想要不为私欲所扰，保持心理健康，独立自主地生活下去，树立孟子所谓的"不动心"才是第一要务。

通常，人们将"知行合一"理解为"知而不行，只是未知"。昭和时期代表作家三岛由纪夫晚年十分仰慕阳明学，他将"知行合一"理解为，"不见行动的认知"是毫无意义可言的，"认知与行动的结合"才是重中之重。

当然，这样理解并没有什么问题，只不过这种思维方式过分强调实践，也容易陷入"不实践就不知真意"的体验主义当中。

"知行合一"并不是一种为了反抗偏重知识而提倡实践的方法论。它不是"将知与行二者结合起来"，而是向世人强调"知与行二者本为一体"。王阳明认为，真正的问题根源就在于把知与行割裂开来的思考方式。

昭和时期的阳明学者安冈正笃曾经这样说道：

王阳明认为："知是行之始，行是知之成。"知是行的开始，行是知的完成，这构成一个巨大的循环关系。如果说一切由知开始，那么行就是知的完成，而行之初又是知，因此知是一个循环的过程。而且，知越多，行为越正派；知越深，行为越高尚。如此循环往复。（《人间学讲话 知命与立命》安冈正笃）

安冈的理解方式，自然比以三岛由纪夫的理解为代表的通俗解释更简单易懂……

王阳明还称，知行本就不能一分为二，古人之所以把知与行一分为二，有着如下的理由：

古人所以既说一个知，又说一个行者，只为世间有一种人，懵懵懂懂的任意去做，全不解思惟省察，也只是个冥行妄作。所以必说个知，方才行得是。又有一种人，茫茫荡荡悬空去思索。全不肯着实躬行，也只是个揣摸影响。所以必说一个行，方才知得真。此是古人不得已补偏救弊的说话。若见得这个意时，即一言而足。今人却就将知行分作两件去做。以为必先知了，然后能行。我如今且去

讲习讨论做知的工夫，待知得真了，方去做行的工夫，故遂终身不行，亦遂终身不知。(《传习录》上卷)

克里希那穆提也说：

"学习"自身即是行为。而人们普遍采取"先学习，后行动"的行为模式，这才导致过去所学与今日之行出现了缝隙。因此，"应有之物"和"本来之物"之间，或是"曾有之物"与"现有之物"之间才出现了矛盾。在"学习"这种运动中，行为是可以存在的，也就是说"学习"本身就是行为，并不存在所谓的"先学习，后行动"的模式。(《转变的紧迫性》，克里希那穆提)

如果换一种说法，将克里希那穆提所用的"学习"换成"求知"，想必大家就会明白了，他谈的就是"知行合一"。

故大学指个真知行与人看，说"如好好色"，"如恶恶臭"。见好色属知，好好色属行。只见那好色时，已自好了。不是见了后，又立个心去好。闻恶臭属知，恶恶臭属行。只闻那恶臭时，已自恶了。不是闻了后，别立个心去恶。如鼻塞人虽见恶臭在前，鼻中不曾闻得，便亦不甚恶。亦只是不曾知臭。就如称某人知孝，某人知弟。必是其人已曾行孝行弟，方可称他知孝知弟。不成只是晓得说些孝弟的话，便可称为知孝弟。（《传习录》上卷）

知识与体验

从知识中知晓与从体验中知晓，二者有着莫大的区别。从书本词典上学来的知识无论谁都能卖弄几句，但这并不能称作真正的"知晓"。纸上学来终觉浅，绝知此事要躬行。如果没有体验，恐怕连什么是"恶臭"都无法理解。

在这里，我并不是想单纯地提倡经验主义。我们在鉴赏艺术作品时，比如观看现代舞蹈、聆听音乐会、品尝茶道或者观赏绘画，作为鉴赏者，我们只有在心里做好了接纳的准备，才能真正理解眼前的艺术。没有一个与作品保持一体的积极心态，我们就不能真正鉴赏这些艺术作品，而且作品想要表达的东西我们也感受不到。放松身心，柔和心灵，保持感受艺术的姿态是十分必要的。

让我们来一起做个实验吧！

你现在正在阅读这本书。现在请你把书合上，尽量去感知周围的环境。在你的脑海里展开想象，我们生活在地球上，四周空气环绕。接下来，你会听到什么呢？冰箱嗡嗡的启动声，汽车的鸣笛、清风拂过的声音、鸟儿婉转的鸣叫、人群交谈的声音等等，声声入耳。为什么呢？这是因为你敞开了心扉，因而以往沉浸书中而没能注意到的周围环境，也开始向你讲述起它们的故事。所以要积极敞开自己的内心，接受环境，与环境融为一体。聆听别人的讲话时，也应如此。

正如克里希那穆提所说：

> 我们常常只能看到事物的局部。其一是由于自己的不注意，其二是由于偏见——通过言语、心理上的意象来看待事物。在这两点的影响下，我们看不到任何事物的整体。客观地看待自然，抹去既有的意象，不带任何先入之见，单纯地观察一草一木真是难如登天。因为我们的内心飘忽不定，对周围环境变得漠不关心。即便是有兴趣，赏花的过程中也会做出一定的评价和语言表达。赏花人会觉得自己真的是在看花，但实际上边思考边看花本质上还是等同于未看花。因此，我们其实从来没有真正看到过花，而是通过心中

的意象在看花。(《转变的紧迫性》)

陷入功利主义的陷阱,习惯以利益为动机的我们常常带着比较的眼光看待人与世间万物。更确切地说,我们一直在评价着万事万物。"这东西到底有什么用?"这样的问题背后,正隐藏着对一切事物进行比较测量的心理活动。

换言之,只有内心能放弃比较与测量,我们才能为心灵拂去偏见与恐怖的迷雾,我们才能真正看到"本来之物"。

需要强调的是,我们现在所讲的内容,是有关"我"的活动场所——心的问题,与科学领域中的计量和分析完全不同——在科学技术层面上的知识积累是至关重要的。

如果我们一味地追查知识的尾巴奔跑,身心就会渐渐被抛在脑后,一旦身体习惯沉浸在主知主义当中,问题会变得更加复杂。仅凭一些微不足道的努力,是无法让自己从习惯中解放出来的。从长期浸染的生活模式中脱身并非易事,感知自己从周围环境中养成了何种习惯更是难上加难,"人无完人"便是这个道理。所谓习惯,指的是积久养成,且能令自己感到舒适的生活方式,正因如此,人们很难意识到自己的习惯。

比如说,待在一间香气馥郁的房间里,随着我们渐渐习惯,就无法闻到香味了。而离开一次房间后再返回,我们便会重新注意到房间里弥漫的芬芳。而且我们对于身上沾染的香气，更是出人意外地钝感。

在人们的习惯中，也有一部分思维习惯来源于幼儿时期被灌输的、附带条件的强迫观念与恐惧等。

王阳明曾有这样一则逸事，他在老虎占据为巢的寺庙里过了一夜。通常，我们对野生动物的恐惧都来自年幼时期读到或听到的故事，并无亲身的体验。其实在现实世界里，除了在饿着肚子的情况下，野生动物对人类还是比较友好的。

这种不是基于真实体验的恐惧令人惊悚不安，尖叫悲鸣，甚至会驱使人们做出自我伤害的行为。人类的这种过激反应反而会招来野生动物的袭击。

但是，如果只是在心中认识到恐惧，却不被恐惧所左右，这才是完美的心理状态，也必将导出正确的行为。就像王阳明遇虎却不乱阵脚那样，不要为恐惧所动。初见时的恐惧不过是有条件的恐惧，实际上只有当老虎对我们怀有敌意时，那时的恐惧才是真正应有的恐惧。

类似的情况在生活中我们也会常常遇到。恐惧与不安，大部分都是擅自给内心强加的外界投影，不是吗？

习惯性的思维方式

文学评论家、哲学家竹田青嗣围绕着"什么是哲学"这一问题发表了一些观点,让我们参考着他的观点,探讨一下什么是习惯性的思维方式。

我们的思维通常都是在世间既有的,或是在自身现有的框架中展开的。我们就是这样在不知不觉间,习惯了这种既有的定势思维模式。意识到自己的习惯性的思维方式(这种思维方式也是社会决定的,因此它也是社会性习惯),不断地尝试"改写"自己的思维方式,让自己从固有的思维方式中解放出来,这就是竹田青嗣所说的"哲学",也正是阳明学希望达到的目标。

王阳明早期在朱子学的影响下养成了固定的思考方式,但这种思考方式使他苦恼,处处碰壁。由此,王阳明开始对这种思考方式产生质疑,遭遇的重重磨难也给予了他彻底转换思考方式的动机。

从自己所习惯的看法与思考方式中获得自由,看到万事万物的真实的样子,这意味着我们要反抗惯性的思考方式,学会独立思考。此番过程如果得不到任何线索与指引,注定是无法完成的,而阳明学,正是一束给予指引的光。

如果认为仅凭头脑,或者仅凭理性的理解,就能解开世界、宇宙以及人类的谜团，那可就大错特错了。认识、理解这两种行为本身就必须需要全身心的投入才能完成。

我们来看看"理解"这个词吧！通常情况下，我们会在心中的纠葛消解时，大脑中模糊的事物变清晰的那一刻说出"理解了"这三个字，但克里希那穆提却这样认为：

> 当我们"理解"了某件事，就意味着我们已经了解了其中的一切，意味着我们对其进行了探索，辨明了它是真理或假象。
>
> 再者，理解并不仅仅囿于知识层面，更意味着心灵的深层感受。只有理性与感性完全融为一体，这才是真正的理解。（《转变的紧迫性》）

举个例子，一对夫妇，妻子因病卧床不起，丈夫不仅白天要忙工作，下班后还要做家务、带孩子。表面看来，丈夫十分辛苦，但也正借此契机，丈夫体会到妻子家事与育儿的不易，反倒会对妻子更加体贴，反之亦然。

心灵与身体是一个整体的存在。耳朵里传来动听的音乐，不自觉间脚下的步伐也会跟上节奏。我不擅长跳舞，也未曾有过跳舞的经历，但在某次被迫跳舞的情况下，反而第一次感受到了舞蹈不为人知的乐趣。

这样的情景，大抵在各种日常场合都出现过。与其带着理性的、分析的眼光对舞蹈敬而远之，倒不如亲身体验一下，舞动身体让自己融入舞蹈。体验一遍，其义自见。

心灵决定一切行为

直到今天，大部分的解说都只局限于王阳明思想的"知行合一"这一部分。现在，让我们一起来看看阳明学的更多魅力。

实际上，王阳明在"知行合一"之外，更有深意存焉。那就是在语言层面上，知（知识）与行（实践）是可分的，但这种万事万物都划而分之的思维方式则弊害无穷。

"你的这里、这里和我不一样"，这种思维方式是不是很容易产生距离感和孤独感？反观之，"你的这里和我一样啊"，这种思维方式不是很友好吗？

造成身心分离甚至分裂的罪魁祸首，就是将世界分为两面看待的习惯性看法，它不知不觉间让人类走上与自然对立的道路。正因为如此，人们才希望借助修禅与冥想，将身体（自然）与心灵（人类）合二为一，融为一体。

没有心灵参与的工作，从始至终都是毫无人性可言的。玩弄规则、墨守成规、不懂变通的人，正是没有感情的人。这样的人越多，社会就越冷漠，人们就越难以生存。即便是王阳明所处的那个时代，他也在提倡心灵的复位，提升社会的温度。

在"知行合一"的学说中，王阳明想表达的是，人类应当克服两种对立、竞争的思维方式，如"看见与被看见""人与自然"。他追求的是身心的统一、人性的恢复。由此可见，"知"与"行"割裂的问题不过是冰山一角而已。

> 问知行合一。
>
> 先生曰："此须识我立言宗旨。今人学问，只因知行分作两件，故有一念发动，虽是不善，然却未曾行，便不去禁止。我今说个知行合一，正要人晓得一念发动处，便即是行了。发动处有不善，就将这不善的念克倒了，须要彻根彻底不使那一念不善潜伏在胸中。此是我立言宗旨。"（《传习录》下卷）

说到"行"，阳明学认为，情动也包含在"行"之中。

> 你们听见有话说，不可奸淫。
>
> 只是我告诉你们，凡看见妇女就动淫念的，这人心里已经与她犯奸淫了。（《马太福音》第五章）

在这一点上，阳明学同基督教教义相一致，真是耐人寻味。

不采取行动，只是大脑里意淫些作奸犯科之事算不得罪恶。这正是将思想与行为割裂开来的思维方式在作祟。将身体与心灵区别看待，正是心思与行动割裂的根源。只要这种想法根植于心，今后的思考方式就会变成"只要我不表现在行动上，那心里想什么都是我的自由"。反过来说，人们也不需要再陶冶心灵、修身养性了，因为只要不让自己的想法体现在行为中就行了。

然而，心灵决定着人的行为。日常的思想与价值观规定着人的行为。世界观、价值观，也就是人的心灵决定着人的行为。一个人究竟想以怎样的心态生活，都会通过他的行为表现出来。

一个人在大脑里怎么想，想什么，那是他的自由，法律无从追究。但若想根除邪恶，那就应该努力摒弃心中邪念。王阳明想说的是，应当将邪恶尽力扼杀在萌芽阶段。既然心灵决定着行动，那么努力保持心灵的健康和美丽便是至关重要的。

总而言之，任何事物都将其区分为二，割裂看待，这是不对的。把"知"与"行"割裂看待，就会以为即便我心中有邪念，但只要不付诸行动那就无所谓，这样一来，人也就不会再去改变自己的内心了。

有句古话,"诚于中,形于外",讲的是心中所想会自然而然地通过言语、动作、表情等表现出来。

因此,《大学》强调"君子慎独"。越是在独自一人,不为外人所见的时候,越是要勤勉于修行。换句话讲,人前人后两副模样正是陷入了将事物割裂看待的陷阱当中。深受幕府末期的志士们推崇的阳明学者刘宗周就把"慎独"当作自己的行动宗旨。

同样的内容,在阳明学学者中村敬宇爱读并翻译的《西国立志编》中也有所体现。该畅销书为塞缪尔·斯迈尔斯所著,在日本发行当初,创下了累计100万册的销售纪录。

> 言行一致,无分内外乃是品行的真谛。因此,人类的一切,内在之心,外在之行,本质上都是同一的。(《西国立志编》,塞缪尔·斯迈尔斯)

说到这里,我要介绍最后一个通俗易懂的实例,作为本章的结束。

不知道大家有没有听说过中村久子的故事。年幼时期的她不幸罹患了坏疽,为了保全性命,不得不将双手双脚予以截肢。她的自传《心灵的手足》记录着她悲惨又勇敢的人生。这本书是在她七十二岁去世三年后的一九七一年出版的,自问世以来,至今仍是长销作品。

十九岁时,中村久子凭借自己的意志力在杂技团当起了"不倒翁"。工作之余,她像常人一般恋爱、结婚、生子。为了提升素养,她奋力自学,饮食如厕也坚持独立完成;为了贴补家用,她做起了裁缝,也开始撰写书籍。中村久子对自己非常严格,从不说谎,从不谄媚权势,更不能容忍世间的不当行为。

中村久子的故事不仅给残疾人群,也给四肢健全的常人们带来了生活的勇气和希望。她的人生仿佛过山车般跌宕起伏,和阳明一样,难以言喻的苦难接踵而至。但也正是这些经历,成为他们滋养高尚人格的养分。久子自修佛学,晚年时见到临济宗的山田无文大师,获得了大师的赞赏,更与大师成为知心好友。

在安装假肢时,久子如此描述了自己的心境。

> 只凭这副手脚,真的能行走在恐怖的车水马龙之中吗?一旦心中出现了这样的不安,双脚和身体都会踌躇不前,一步都难以迈出,所有的努力更将化为乌有。比起身体上的残疾,内心的障碍才是最难逾越的关卡。

保利先生在战争时期写下了名为《直到血液流

过假肢》的作品。正如书中所写，残疾人群努力让假肢与自己的心融为一体，然后就会发现假肢与身体并不是分开的，世界也将变成合二为一的整体。

在不畏苦难、勇往直前、坚持不懈的努力下，中村久子的内心也变得越发强大，越发坚韧。

第四章 致良知

何谓良知

阳明学的支柱,便是"致良知"。

凭借"良知"的学说,王阳明超越了朱熹和陆象山。与朱子理学主张的格物穷理相反,他开辟了一条新的至圣之路——通过格心内之理实现良知。

"良知"指的是明辨是非善恶的能力,是"仁、义、礼、智"四种德行。王阳明认为良知是造化的精灵,万物之本源。也就是说,他认为每个人内心都存有明辨是非善恶的能力,在生活中发挥"仁、义、礼、智"四种德行,就是从迷茫到自醒,最终实现觉悟的自立之路。

由此看来,与朱子学提倡的方法论"格物致知"相比,"致良知"更加简单易懂,态度更加积极。不过,仅仅通过"格"内心唤醒"良知"是行不通的,如果没能加以"致"这一外在努力,同样无法培养出真正意义上的

"不动心"。

比起思考，阳明学首先注重的是锤炼内心，并在此基础上充分进行实践，兼具心理学与宗教意味。

阳明学教会人们如何提升自我，更教会人们如何从日常的心理状态向更高层次迈进。"良知"的觉醒意味着向权威主义与教条主义的告别。教条主义指的是盲目地信从权威者的主张、思维方式与教化，以及僵化的行为和作出判断时的固执态度。良知的觉醒是主体性确立的第一步，是自由的觉醒。从这一层面来说，王阳明的学说可以看作是追求自由的哲学。

《孟子·尽心上》中，对"良知"有着这样的表述：

> 人之所不学而能者，其良能也；所不虑而知者，其良知也。

此外，《孟子·告子上》中这样写道：

> 恻隐之心，人皆有之；羞恶之心，人皆有之；恭敬之心，人皆有之；是非之心，人皆有之。
> 恻隐之心，仁也；羞恶之心，义也；恭敬之心，礼也；是非之心，智也。仁义礼智，非由外铄我也，我固有之也，弗思耳矣。

这便是孟子著名的"性善论"。接着我们还是让王阳明来谈"良知"吧!

> 知是心之本体,心自然会知:见父自然知孝,见兄自然知弟,见孺子入井自然知恻隐,此便是良知,不假外求。若良知之发,更无私意障碍,即所谓"充其恻隐之心,而仁不可胜用矣"。然在常人不能无私意障碍,所以须用致知格物之功,胜私复理。即心之良知更无障碍,得以充塞流行,便是致其知。知致则意诚。(《传习录》上卷)

这里所说的良知,指的是同情、博爱(友爱)、良心,或儒家所说的仁。

> 夫人者,天地之心。天地万物,本吾一体者也。生民之困苦荼毒,孰非疾痛之切于吾身者乎?不知吾身之疾痛,无是非之心者也。是非之心,不虑而知,不学而能,所谓良知也。良知之在人心,无间于圣愚,天下古今之所同也。世之君子惟务致其良知,则自能公是非,同好恶,视人犹己,视国犹家,而以天地万物为一体。求天下无治,不可得

矣。(《传习录》中卷)

此处所指的良知，是人与生俱来能够明辨是非善恶的能力，类似于道德心。在具备了明辨是非善恶的能力之后，良知必定会超越是非善恶，这种思考方式，将会逐渐提升到后文叙述的"良知是造化的精灵"层面。

"良知只是个是非之心，是非只是个好恶。只好恶就尽了是非，只是非就尽了万事万变。"又曰："是非两字是个大规矩，巧处则存乎其人。"(《传习录》下卷)

五十四岁时，王阳明作诗《咏良知》。其中一句"人人自有定盘针，万化根源总在心"，将良知比作罗盘针，良知才是人存于世的最大准则。

由良知得到觉醒

王阳明对"致良知"的重视程度，在下面这句话里得到了充分体现。

致良知三字，真圣门正法眼藏。

这是王阳明对弟子邹守益所讲的内容。"正法眼藏"是禅宗用语，指释迦牟尼所悟的真理。字里行间，洋溢着王阳明的自信。类似的话还有很多。下面这句摘自《年谱》。

> 某于良知之说，实千古圣圣相传一点滴骨血也。

"滴骨血"原是一种盛行于六朝时代的血缘检验方法。将生者的血液滴在死者的骨头上，如果血液能浸入遗骨，则判定生者和死者存在血缘关系。也就是说，王阳明认为良知是能够辨别一切善恶、真假的道德原理。

此外，王阳明还说："某于良知之说，从百死千难中得来，非是容易见得到此。"也就是说，良知说是王阳明多次面对生死，历经千难万险才悟出的道理。

王阳明与朱子以及当时其他学者的经历大相径庭。他经历过三年等同于流放的生活，也曾多次奉命奔赴战场，不仅时常陷入困窘，还常常因为政争而遭受不白之冤，家庭内部也是问题频发。历经如此磨难的王阳明，体悟到"致良知"的那一刻，究竟达到了怎样的境界呢？王阳明做了以下阐述。

先生曰："良知是造化的精灵。这些精灵生天生地、成鬼成帝，皆从此出，真是与物无对。人若复得他完完全全，无少亏欠，自不觉手舞足蹈，不知天地间更有何乐可代！"（《传习录》下卷）

良知不仅仅是良心和道德，在不同场合下，王阳明还指出，"道即是良知""天即良知""良知即是天理"。良知与天理、性、心之本体一样，是万物之本源。

王阳明的"致良知"，与欧洲基督教和德国的观念论哲学等实有相通之处。前文所提到的"良知是造化的精灵……"这句话，与欧洲炼金术的世界观中所谓的宏观宇宙（大宇宙）和微观宇宙（小宇宙）极富一致性。也就是说，欧洲炼金术的世界观与万物一体的学说有共通之处。王阳明所期望达到的境界是主观（人类）和客观（宇宙）的统一（同一性）。简单来说，就是指最终达到前文所述的"待人如待己，爱国如爱家，从而与天地万物融为一体"的境界。

炼金术学说中的"内在的人=高等级的人"就等同于阳明学中的"良知=圣人"。此外，炼金术学说中主张用火烧尽"下等人"，他们认为这是一种对高等级人类的解放。

从这里可以看出阳明学中宗教性和神秘性的一面，更加耐人寻味。

王阳明的"良知",近似于欧洲近代哲学的"自我"。包括笛卡尔、菲希德等德国观念论在内的现代哲学,其出发点就是主张人的内心存在着活生生的自由实体,他们把自由实体称作"主观"或"自我"。如果将认知的视角放在内心深处、自由实体的深处,我们就能理解自我存在的本质,进而也能认识到外部自然和宇宙中的生存与能动的本质。从这一点上来看,该观点与王阳明的"良知说"如出一辙。

以黑格尔为代表的德国观念论,其实是以老庄和禅宗佛教里强调的顿悟、觉醒为目标的。既然是觉醒,那么必是以现世的梦幻、虚无为前提,也就是区别于日常的意识状态,以处于更高层次的意识状态为前提。

哲学、宗教、禅宗与神秘主义等试图让人们体验第二次觉醒,而王阳明则希望通过"良知",认识到世界由两部分组成,由此而获得觉醒。

良知才是真实的存在

那么,具体而言,要从何处觉醒呢?当然是要从我们认作现实的感性世界觉醒,简单来说就是从物欲和爱欲中觉醒。在这一点上,阳明学与佛教、基督教都持相同的观点。释迦牟尼觉醒之日正是战胜感性世界最高统治者魔王魔罗之时。

同样，基督教故事中也存在恶魔的诱惑。恶魔试探耶稣，称要使其成为人间的统治者。但耶稣却大喊"撒旦退去吧！"，最终抵挡了诱惑。

所谓感性世界，是现世、人间和物质世界；是在本能欲望支配下亲身经历的世界；是佛教所指的欲望世界；是可以被感官捕捉的感官世界，也是充满不确定性的世界。比如，不知何时就会发生地震；随时随地都有可能发起战争；每时每刻，包括现在这一瞬间都有人谋杀或被谋杀；刚才还健健康康的人却因突发事故丧生。同时，这也是一个充满悲伤与痛苦的世界，人们为了金钱和爱情你争我抢，互相伤害；一对在新婚蜜月旅行的夫妻本应展开一段幸福之旅，却在旅途中因飞机失事不幸离世。魔王支配的世界，世事难料，人们对自己下一秒的命运没有任何感知。这个感性的世界，与其说是由神支配，倒不如说是处于魔王的支配之下。

耶稣与佛陀（大彻大悟的释迦）想向人类传达的是，要从这个魔王支配的世界里清醒和觉悟。觉悟之前的人类永远生活在魔王、恶魔的支配下。不过在此之后，佛教和基督教走上了不同的道路。佛教想解救众生脱离这个感性的世界、魔王支配的世界。而在释迦牟尼涅槃五百年后诞生的耶稣,却更深入感性世界,试图拯救魔王的世界。而这一想法降落到人间,形成了耶稣之道。在这一点上,基督教更加贴近宣扬"事上磨炼"的阳明学。

在"五溺"时代,王阳明掌握了仙人之道,学会了千里眼般的透视术及求雨术。但阳明却认为这些道术只会劳心伤神,最终也失去了兴趣。这又是为何呢?

这是因为,实现这些魔术的力量源自魔王。支配着这个感性世界的恶魔之力使这些超能力成为可能。当今世界仍有很多人把魔力和神力混为一谈,这也正是以现世利益为中心的新兴宗教盛行的原因。

比如身体悬浮、隔空移物、治不治之症等,这些都不过是感性世界的低级故事。支撑这种超能力必须有一个前提,那就是把感性的、经验的世界当成现实世界。凭借念力折弯汤匙等超常现象,我们肉眼可见,也就是说因为通过感官就能直观看到,因此很容易理解。但这些超能力,其实是每个人都能在明确认知的世界里看到的现象,因此,拥有所谓"超能力"的人更接近神的说法是根本不成立的。

与耶稣和佛陀一样,王阳明强调从感性的世界(欲望世界)中醒悟的重要性。

此外,王阳明不仅重视思考和逻辑,也同样重视体会(感情体验)。他肯定心的作用,相信灵魂的力量。

王阳明认为，"万理"由"心"而生。"理"原本就存在于"心"中，"心即理"正践行着这一点。而且，所谓"圣人"，其实就是心中不夹杂着人世的欲望，就是天理本身。换言之，没有人欲的"良知"本身就是圣人。

唯有作为心灵本质的"良知"才是真实的存在。发现良知的过程，就是致良知。阳明认为将世界一分为二的思考方式存在问题，亟须摸索出解决方法。他主张统合因分析性的思维方法而造成的四分五裂的世界，消除身体与心灵、人与自然、人类与宇宙、你与我之间的隔阂，重获人性，只需"致良知"即可。

现代人的心灵力量十分孱弱，甚至可以说是到了病态的地步。让我们通过一个例子来为这一章画上句号。

"信"这个字时常出现在我们的日常言语中。比如："我相信神的存在"，"我信奉佛教"，"我相信耶稣的存在"，等等。

严格说来，在这种情况下，应该将其称为"愿意相信"。这是因为如果你相信神的存在，就必须践行神的教诲，像神一样活着。而人们之所以不这么说，是因为他们并不完全相信神，不能像神一样生活。此番情景同样适用于信奉基督的教徒，如果他信奉基督，那他就必须仿照耶稣生活。只有真正相信了，才能做到这一点，不完全相信，就注定无法像耶稣那样度日，更不用说那些自称耶稣转世的人了。只有像耶稣那样清贫地生活，才能真正称为"相信"。而放眼现实，许多人，不，可以说生活在地面上的几乎所有人，都是"即使想相信也做不到完全相信"。真正"相信"的究竟有几人呢？

也就是说，有很多人不完全相信心灵的力量，不完全相信人类的内心有良知的存在，因为"相信的力量"十分弱小。但是，只要能将王阳明的教诲付诸实践，定能重获心灵的力量。

世界级的大提琴演奏家帕勃洛·卡萨尔斯曾说：

> 人，即使不投身于政治，也能为和平做些什么。人们心底都有着基本观念。遵从这一观念并付诸行动，就是在做这个世界的最重要之事，过程并不复杂，但却需要勇气。人们需要勇气来聆听并依从自己的善性。而问题的重点正在于，我们有没有勇气完全做自己。

卡萨尔斯所说的"基本观念"，不正是"良知"吗？

第五章 四句教

四句教的教义

王阳明去世前约一年零三个月的某一天,他的两位高徒钱德洪和王龙溪进行了一场激烈的辩论,辩论的内容便是王阳明提出的"四句教"。二人争辩不下,只好请来王阳明做出裁夺。

> 无善无恶心之体
>
> 有善有恶意之动
>
> 知善知恶是良知
>
> 为善去恶是格物

这短短四句话构成阳明学的宗旨。

王龙溪将此解释为:"若悟得心是无善无恶之心,意即是无善无恶之意;知即是无善无恶之知,物即是无善无恶之物。"这就是"四无说"。

钱德洪对此反论说:"至善无恶者心,有善有恶者意,知善知恶是良知,为善去恶是格物。"这就是"四有说"。钱德洪认为,"心体原本无善恶,今习染既久,觉心体上见有善恶在,为善去恶,正是复那本体功夫。若见得本体如此,只说无功夫可用,恐只是见耳"。

王阳明听了二人见解,说道:

> 我今将行,正要你们来讲破此意。二君之见正好相资为用,不可各执一边。我这里接人原有此二种。利根之人,直从本源上悟入,人心本体原是明莹无滞的,原是个未发之中。利根之人,一悟本体即是功夫。人己内外,一齐俱透了。其次不免有习心在,本体受蔽,故且教在意念上实落为善去恶。功夫熟后,渣滓去得尽时,本体亦明尽了。汝中之见,是我这里接利根人的;德洪之见,是我这里为其次立法的。

王阳明道出了不同性格的两人各自的优点,告诫两人互相资用,相取为益。《四句教》后来也被收录在了《传习录》下卷中。

未曾预料的是,这场关于阳明之学根本的讨论,却成为阳明学分裂为两个立场迥异派别的导火索。钱德洪注重静,渐渐融入朱子学一派,被称为阳明学右派。王龙溪则与朱子学的对立越来越深,最终发展成近于禅学的阳明学左派。

事实上,这一问题不单单是阳明学的问题,它最初来源于南宋禅学中所言的"顿悟"。"顿悟"指的是突然开悟,而通过不断的修行,逐渐觉悟的称作"渐修"。阳明学和朱子学,前者是顿悟,后者属渐修。禅门内部同样存在的这种问题,在王阳明离世后逐渐浮出了水面。

良知与阿赖耶识

据《年谱》可知,这段对话发生之后,王阳明分别给予了二人进一步的建议。在此,我想引用《王龙溪集》中的一段内容作为王阳明的结论。王阳明如是说:

> 但吾人凡心未了,虽已得悟,仍当随时用渐修工夫,不如此不足以超凡入圣。

也就是说,王阳明希望的是用"顿悟渐修"来调和朱王学说。这是一条由朱子学的形式主义和阳明学左派心学的增上慢(佛教七慢中的第五,意思是以自己证得增上之法等而起慢心——译者注）组成的中庸之道。

朱子理学主张"性即理"，注重外界之理，正因如此他主张性善论，认定心之本源为善。如果心之本源为善，也就没有必要再刻意关注内心，想要觉悟、想要体悟真理，只需追求外界事物之理就可以了。这未免有些理想主义，且容易陷入纸上谈兵。

但阳明学认为心比理更为重要。既然重视心灵，为了不阻碍心的活力，心灵自由的重要性自不待言。因此，阳明心学肯定心的一切活动，承认朱子学说所不认同的七情六欲的存在价值。

人类确定良知（心）为善，那就等于承认先有理后有良知。因此，对于王阳明而言，心的本质（良知）必须是"至善即无善无恶"。

这句话理解起来就像禅学问答一样晦涩难懂，但为了让大家明白这句王阳明对于"四句教"学说的思考，我将引用佛教的唯识思想，作出更通俗易懂的解释。

对于下面的这段文字，请将阿赖耶识一词替换成良知进行阅读。佛教中的"阿赖耶识"如阳明学中的良知一般，是心灵的本质，是自我的根源和宇宙的根本原理。

> 阿赖耶识既是污浊世界（丑恶纷乱的世界）的根源，也是纯净世界（美好清醒的世界）的根源。

但阿赖耶识本身既非善也非恶。为什么这么讲？若说阿赖耶识的本质是恶，则我们始终都无法从纷乱的世界中挣脱出来；反过来，若说阿赖耶识本质上是善，现实中就不可能存在纷乱的世界。恰似0，既不是正数也不是负数，但正因为有0的存在，数字才有正负之分。阿赖耶识本身是善与恶的根源，却不偏于任何一方的无记之物。

正因阿赖耶识宛如白纸（无记），因而能够容纳任何东西。（横山弘一《唯识思想入门》）

到这里，我想大家应该明白了"非善又非恶"的含义。阿赖耶识正是如此，它是善与恶的基础，却是不带任何性质的无记之物，是哲学中所说的"白板"（白纸）。

公元300年左右，唯识思想最初在印度传播开来。《西游记》中有名的唐三藏法师玄奘（602—664）舍命追求的便是这部经典。

唯识思想提出人与自然之间不存在对立，人与自然是一体的。因为唯识思想认为"离开自己的心，自然就不复存在"，也就是说，自然是由人心创造出来的。王阳明认为良知就是"至善"，所谓至善就是最高的善。

关于至善，王阳明有过这样的论述：

> 至善者，心之本体。本体上才过当些子，便是恶了。不是有一个善，却又有一个恶来相对也。故善恶只是一物。……善恶皆天理。谓之恶者本非恶，但于本性上过与不及之间耳。（《传习录》下卷）

总而言之，善恶本是一体，如此才是至善。至善过度，便就成了恶。

善恶之间

以华德福教育闻名的教育思想家鲁道夫·施泰纳（1861—1925）创立了人智学（anthroposophy），他的教育学即建立在人智学理论的基础之上。在对善恶的认知上，我认为王阳明的想法和施泰纳基本是一致的。为了便于大家理解，我们来看看施泰纳的观点吧！

施泰纳认为，在这个世界上，支配人类行为的是两个原理（作用力）。一个是光明之神（路西法），另一个是黑暗之神（阿里曼）。

路西法力量使人类无限向往天际，追求空灵与虚幻，诱发着人们对自由的冲动。另一方面，阿里曼力量将人们无限地推向物质的、感官性的世界。

人类必须在两种力量间求取平衡。如果偏于两者中任意一方，就会变成恶，所以光明之神和黑暗之神都是人类不可或缺的存在。

比如说，一旦屈服于路西法力量，人们就会对物质失去兴趣，过于追求精神上的价值，陷入梦幻与空想，成为极端的理想主义者、唯心论者。一旦狂热于难以捉摸的宗教和神秘主义，就会失去在现实中的生活能力，失去活着的真正意义。

相反，如果被阿里曼力量所支配，人们会认为世上的一切都会由金钱和权力主导，人们找不到也不会再重视精神的价值。

因此，人们必须在这两种力量之间保持平衡。只有采取中庸，不偏向任何一方时，两种力量才会共同发挥善的作用。

说点题外话，施泰纳认为，维持着两种力量间的平衡的，还有一种力量在发挥作用，这种力量叫作"基督冲动"。它是促进人类意识进化的作用力，是可以与良知互换的存在。

在本章最后，让我们通过一个有趣的故事来加深对"善恶本是一体，那就是至善"，以及对良知的超越性功能的理解。

在印度孟买附近的象岛上，有一处8世纪左右开凿的印度教石窟，石窟深处有一座宽六米、高六米的巨大石像。石像上共有三张脸，一张是朝向正面的脸，两侧分别是一张男人和一张女人的侧脸。

中间的脸表示永恒，代表着神明，象征着永恒的光辉。如果将目光移开这个代表着至高无上的存在（神明），就会发现两件事物的对立。这种对立，就表现在两侧的男女的脸上。

人类吃下智慧之树的果实，不仅发现了善与恶、男与女、正与恶、阴与阳之间的对立，更发现了世间万物都存在着对立，过去与未来、生与死、有与无，等等……

代表神明的脸位于石像中央，代表对立的男与女的脸位于两侧，这样的排布，正暗示着神明超越了对立。

古希腊哲学家赫拉克利特曾这样说道："对于上帝而言，万物皆是善良、正义的，但在人类之间却存有正确与错误之分。"

人类生活在善恶、是非对立的世界里。按照那座石像所说，我们生活在两侧的对立区域，但我们时刻关注着中央神明的视角去生存。这样一来，我们便能发现善恶都不过是一时的幻觉。

以上内容摘录自神话研究界的权威者约瑟夫·坎贝尔（1904—1987）的著作。坎贝尔在这里所说的位于石像中心、超越对立的神，就是阳明学中的"良知"和"至善"。

第六章 阳明学与情感

蒙蔽良知的东西

阳明学也被称作"心学"。作为一门以培养"不动心"为目的的心学,情感的问题占据着中心主题的重要地位。可以说王阳明不断追求的正是如何游刃有余地处理情感,即便是生死问题到头来也是情感的问题。

情感在我们的生活中十分重要,不仅在心理学领域,对于从事戏曲、音乐、绘画等艺术工作的人来说,情感也是一大重要主题。然而无论是否身为专业人士,在日常的人际关系和工作等方面,如何处理情感都十分重要。突然发起火来,把商务谈判、工作和人际关系统统搞砸;与职员不知为何性子合不来,这份别扭的关系甚至影响到工作;一旦感到疲惫就容易意气用事,给身边人带来麻烦;难以抑制欲望,好不容易存下来的钱一下子就花光了……这些经历想必大家都有过吧。

阳明学探讨的便是欲望和情感。下面就来介绍几则王阳明对于情感的看法。

> （黄省曾）问："知譬日，欲譬云，云虽能蔽日，亦是天之一气合有的，欲亦莫非人心合有否？"
>
> 先生曰："喜、怒、哀、惧、爱、恶、欲，谓之七情，七者俱是人心合有的，但要认得良知明白。比如日光，亦不可指着方所，一隙通明，皆是日光所在。虽云雾四塞，太虚中色象可辨，亦是日光不灭处。不可以云能蔽日，教天不要生云。七情顺其自然之流行，皆是良知之用，不可分别善恶，但不可有所着。七情有着，俱谓之欲，俱为良知之蔽。然才有着时，良知亦自会觉，觉即蔽去，复其体矣。此处能勘得破，方是简易透彻功夫。"（《传习录》下卷）

执念会蒙蔽人的心灵与良知。人的良知变得愚钝，便无法做出公正的判断，失去正直的心灵。让憎恶喜善这一纯朴的良知变得迟钝的是执念和私欲，也就是以利益得失为基准的思维方式（功利主义）。

当突然被委任一件事情时，比如说做一个自我介绍，因为是平时不太习惯的事，所以必然会紧张。一般人们总是希望得到别人的喜欢、获得他人赞赏，这种愿望越是强烈，就越是紧张。越是想把自我介绍做好，就越是会在意别人的眼光，结果反而变得语无伦次，不尽如人意。其实，根本不用在意别人的眼光，也不要有任何包袱，普普通通地说话就好了。或者就像跟朋友聊天一样做自我介绍就不会有任何问题……

要维持一个自然的心境，殊为不易。多余的私欲和自我意识会带来不必要的紧张，让我们的行为变得不自然。

对此，王阳明说七情是人心中必然存在的东西。他肯定情感的这一点也是阳明学的魅力之一。

正因如此，阳明学才会与至善为心之本体、万物一体之仁这种友爱的思想紧密相连。

一味压抑情感不可取

我们平时总会训练自己学会克制情感。在社会常识中，感情用事不该是大人的做派。不轻易在人前流露自己的喜怒哀乐才会被视为成熟的大人。于是我们便不断告诫自己需要克制自己、压抑自己的情感，仿佛情感是一个恶魔。当我们动脑子去认知事物时，也往往认为情感会干扰我们的判断。通常来说，大家相信理性便是非感性的。

对人类感官的不信任并不是从现在才开始的。古希腊的思想家们同样认为感官不能传达真实，让人做出错误的判断。自此开始，感官体验和思考体验，或者说经验和思考就被分离开来了。

歌德也曾意识到过这个问题。他的朋友席勒也将经验与理念分离开了。关于歌德与席勒的故事就不在此赘述，但这也是与阳明学中的"知行合一"所共通的问题。感官获得的信息不真实，只有不计经验的纯粹的思考才会带来真实的认知，这种信仰在朱子学中也清晰可见。

不管是王阳明还是歌德都反对这种将事物割裂思考的方式。将经验与思考割裂就意味着将知与行分开。将经验与思考分开和将知与行分开，这完全是基于同一个思维模式，欠缺将世界视为一体的观点。这种观点的基础是将人类与世界、自然对立起来，而这种世界观也让现代的自然科学得以成立。

世界是分裂的，这种柏拉图式的思维方式仍旧支配着当今世界。亚里士多德试着做出反对柏拉图式思维的尝试，但这一尝试的实现还要等到歌德的登场。

对于情感与人的关系的认识如今已误入歧途。相较于理性，信奉知识主义的人类往往认为难以预料的情感是毫无价值的。于是为了被世人视为合格的大人，人们便会采用一些简单的方法来抑制情感。

经验与思考的分离又会进一步让心灵与身体分离。它带来的后果就是身心疾病、躁郁症、自闭症等，此外它还会让人失去感受，陷入无法感知他人痛苦的病态。情感贫瘠也有让人丧失人性的危险。

过分压抑情感的人即使没有患上神经衰弱和身心疾病，也会陷入无精打采、麻木的状态中。这样的症状被称为"述情障碍"。

这种人无论做什么都不会感到开心，感受不到活着的喜悦。为什么别人都活得那么开心，而我却只感到空虚呢？如果现在有人这样想的话，那就离身心疾病、分裂症不远了。这或许是长时间否定自己的情感的后果。

另一方面，还有人会因为无法克制自己的情感而感到痛苦。在这里，希望大家可以理解压抑情感和控制情感是两回事。如果能够理解这一点的话，接下来就要通过学习如何控制情感，成为自身情感的主人。通过践行阳明学所主张的"致良知"就可以实现这一点。

这么看来，把阳明学对于情感的评价称作福音也不为过。

歌德同样对情感持肯定态度，他主张与理性的逻辑一样，感情和感性也有逻辑。只不过，与思想一样，感觉、感情必须是健康的、正常的，否则扭曲的感受和情感也会让人产生错误的认识。

当我们在理解艺术作品时，仅凭理性就能理解吗？艺术与物理学、数学和哲学的世界迥然有异，只通过思考的理性力量就可以理解的世界其实仅仅是一部分，要想理解音乐、美术和诗歌等艺术世界，就需要感性的心灵力量。当然，无论是品尝美食还是谈一场恋爱，都很大程度上依靠感觉、感性、情感的力量。艺术表现也是这样，除了技术之外，充沛的情感表达能力和感性同样不可或缺。不论是要做好工作还是经营好人际关系，心灵都发挥着莫大的威力。

卓别林的电影《大独裁者》于1940年上映，当时正值希特勒征服欧洲的巅峰时期。卓别林作为一位电影人，早早看破了希特勒的本质，创作出了这部批判希特勒的电影。在电影的高潮处，也就是最后演讲的一幕中，卓别林这样说道：

> 我们的知识让我们玩世不恭，我们的智慧让我们冷酷无情，我们考虑的太多而感知的太少，除了机器我们更需要人性，除了智慧我们更需要仁慈和礼貌，没有这些品格，生活将充满暴力，一切将不复存在。

信奉知识主义不仅会让人忘却躯体，也会让人忘记情感和心灵的存在，不仅如此，还会让人疏于心灵的磨砺。

在当今的日本，很多孩子被迫在学校和补习班里将知识填满脑袋，而休息时也只能与电视和游戏机做伴，他们正在失去充实的情感体验和滋养心灵的机会。

抑制欲望不是阳明学所推崇的。当然，私欲和邪恶的念头是应该消除的，但全面地压抑情感会将好意、向善之心，甚至爱人之心也全盘否定。助人为乐也是情感体验，看见他人快乐时自己也会感到满足同样是情感体验之一。为了让灵魂和心灵都保持鲜活，单纯地压抑情感只会是有百害而无一利的。

> 只要人拥有了健全的感受，人自身就是最伟大、最正确的物理机器。最近的物理学可以说正将实验与人分离开来。仅仅通过人工的器具来认识、限制并证明自然所成立的事物，这是近代物理学最严重的缺陷。

这是歌德的著作《威廉·麦斯特的学徒岁月》当中的一段话。歌德对感觉有着完全的信赖。

不动心的确立

前面说到的华德福教育的创始人鲁道夫·施泰纳是一

位教育思想家，同时也是一位神秘哲学者，还是一位证明了歌德自然科学之伟大的歌德研究者。与歌德一样，施泰纳提出了如下主张：

> 如果人的情感能从利己主义当中解放出来，那么情感就能作为一个器官，为人的认知活动做出贡献。

施泰纳的主张不禁让人联想到阳明学。

人能够自然地产生关于"我"的感受，是拥有自我的存在。也正因如此，施泰纳说："人类是万物之灵。"以这样的人类观为前提，施泰纳做出了这样的陈述，概括如下：

> 人类看上去是根据自己的意志活着，但其实很多时候都是受感情所驱使，自我（真我、精神层面的我）的行动被情感所压抑。但人类最初始的状态是以自我为基础生活的。情感和欲望不断涌现，心灵会被它们牵扯、左右，人就是在这样的灵魂深处牢牢地建立起自己的精神世界。以自我的力量来赋予心灵生活的一贯性同样是一份灵魂修行的课题。

也就是说，施泰纳认为人必须通过自我来控制灵魂。为了不成为欲望的奴隶，培养拥有爱的力量的自我非常重要。

关于培养自我所需要的灵魂（精神）修炼，施泰纳说：

> 若要内心得到灵魂修炼，就要获得一种情感世界的平静。在快乐、苦恼、欢喜和痛苦表现出来时，心灵必须成为它们的控制者。但对于这种特性，人们存在着很多偏见，例如，"喜则喜，忧则忧，如果这种感觉都被禁止"，那就会对身边人变得麻木，变得漠不关心。
>
> 然而，这个说法是错误的。心灵需要实现的只是对欢喜、痛苦、快乐和苦恼等情感流露的控制。只要试着去控制它们，就会发现这不但不会让人对自己所经历的快乐或痛苦变得迟钝，反倒会变得更加敏感。
>
> 当然，为此人们需要花费相当长的时间去仔细观察和监督自己，时刻小心不让自己充分体验到的快乐和苦恼无意识地流露出来，失去自我。也就是说，需要控制的不是感受到的痛苦，而是无意中流下的眼泪；不是对恶行的憎恶，而是盲目的愤怒；不是对危险的谨慎，而是无益的"恐惧"；等等。

心灵（精神）修炼者只需通过这种抑制的训练，就能让心情达到平静。人生会让人学会各种各样的事，但心灵（精神）的修炼却需要人自发地、有意识地去学习。

人生若是让人兴奋，人就要去教育和矫正自己，让兴奋的心情平静下去。而一旦人生让人平静下来，人又要通过自我教育去让自我觉醒，让心灵的表现与自己的感受相符。无法绽开笑容的人与笑得无法停下的人同样，都是无法控制自己人生的人。（《神秘学概论》，鲁道夫·施泰纳）

施泰纳主张，为了获得认识肉眼不可见的世界、精神世界的能力，情感的控制和平常心的获得在心灵修炼中尤为重要。而与此相同的是，孟子和王阳明主张确立"不动心"是非常重要的。

此外，王阳明还时常强调为了在心灵修炼中取得进步，心灵在伦理上的发达是不可或缺的。

王阳明是这样说的：

这心之本体，原只是个天理，原无非礼，这个便是汝之真己。这个真己是躯壳的主宰。若无真己，便无躯壳，真是有之即生，无之即死。汝若真为那个躯壳的己，必须用着这个真己，便须常常保守着这个真己的本体，戒慎不睹，恐惧不闻，惟恐亏损了他一些。才有一毫非礼萌动，便如刀割，如针刺，忍耐不过，必须去了刀，拔了针，这才是有为己之心，方能克己。汝今正是认贼作子，缘何却说有为己之心，不能克己？(《传习录》上卷)

这里的"真己"也就是"良知"。要想让良知不被蒙蔽，就要不断认真努力。真我必须发挥良知的作用，

为此，不被情感所左右就显得尤为重要。为了不让自己事后感到悔恨，不被私欲支配，不让真我失去主导权也十分重要，因为心灵的主人是真我，是良知。情感是一种道具，我们不能让美色、名誉（名声）、金钱和物品占据心灵，不能让情感这种道具驱遣和支配自己。

很多人认为自己生活得坚定而充实，但事实上还是在不断被情感左右着。为此，王阳明还是主张人们要努力去发挥良知。

私欲日生，如地上尘，一日不扫，便又有一层。
(《传习录》上卷)

王阳明这是在说，人应该一边修炼心灵一边汲取知识。你有没有每天检查自己的心灵，反省自己的行为呢？只要一天不打扫，地面上就会堆积起一天的灰尘，同样，只要一天不打扫自己的内心，心灵也会藏污纳垢。

新渡户稻造说："积小事始有成大事之力。"

每天在"完善自己"上付出的努力，总有一天会发挥它的力量。不能因为私事小欲就忽视它，我等凡人更是如此。

第七章 阳明学与歌德的思想

自然科学者歌德

"心即理""知行合一""致良知"这三个理论是阳明学的核心部分。

此外,前文还对导致阳明学分裂的"四句教"进行了阐释,围绕着"情感"这一主题加深了对于阳明学的理解。

在第二部分的最后,为了更加深入理解这三个思想和阳明学,现在将以歌德的思想为参考进行说明。

明明是阳明学,突然说起歌德是怎么回事?这不是生搬硬套吗?有些人可能会这样想。但阳明学的观点、思考方式与歌德的思考方式,甚至是与发展了歌德世界观的鲁道夫·施泰纳的世界观都有着共通之处。

歌德研究者高桥义人在他的著作《形态与象征》中这样评价歌德的影响:

"心"与"物"分化的时代——这才是歌德所说的世界史上的第二时代，是"利用、获得、消费、技术、知识、悟性的时代"。歌德与这个时代逆向而行，赤手空拳地对抗"科学唯物论"。

在本章中，我将阳明学在思想史上做出定位。阳明学的魅力不仅仅在于它作为一门实践性的东方思想为日本的近代化做出了巨大贡献，还在于它与歌德——比在德国更受到日本人喜爱的文豪的思想都同样具有一元论哲学的特质。

关于这一点在此不过多赘述，但一位叫作莱布尼茨（1646—1716）的德国哲学家赞美并学习了儒教思想，并向腓特烈大帝等德国和法国的王侯们宣传了君臣一体的帝王学。莱布尼茨的后继者克里斯蒂安·沃尔夫（1679—1754）更是在十八世纪的欧洲掀起了儒教风潮。歌德的思想受此影响也不足为奇。

日本学者五来欣造在研究中指出，德国的政治思想中也有着儒家的影子。此外，试图统合物理学、神学和形而上学，统合对立的世界观的莱布尼茨的思想也与阳明学非常相似。

本章将以爱克尔曼所著《歌德对话录》为中心来引用歌德的话。《歌德对话录》这本书被尼采盛赞为"德国所有书中最好的一本"。

应该没有人会不知道约翰·沃尔夫冈·冯·歌德（1749—1832）这个名字。他是德国在世界上引以为豪的伟大文学家，同时也是诗人、作家和政治家。除此之外，他还是一位自然科学家。

歌德的自然科学论文集，也就是潮出版社推出的歌德全集的第十四卷，其实是一本在日本不为人知的长销书。最初，大家对这一卷书最不看好，但现在它却是文集中卖得最好的一卷。不过因为早期不被看好，本该有两卷的内容被压缩为了一卷，这对卖家和买家来说都是一件殊为可惜的事。

但即便如此，如果不是有着强烈的兴趣，只是怀着好奇心去读，你注定会感到疲惫。但它却教给了我们克服功利主义、超越唯物论的思考方法和对待事物的观察、思考法，很难让人相信这是一百五十年前一位忙碌的文学家的研究成果。尤其是书中的色彩论部分，连歌德自己也禁不住自负起来：

> 即使是在这个世纪，在色彩论这个晦涩难解的领域中，想到只有我一个人掌握着正确的理论，心里不禁涌出些许自豪来。

关于这个重大的自然课题（色彩论），知道真

相者在数百万人中唯有我一人。这二十年来我只能这样告诉自己。(《歌德对话录》,爱克尔曼)

他甚至在晚年说"色彩论的研究比我的文学作品更有价值"。

近年,获得诺贝尔物理学奖的海森堡和魏茨泽克、朝永振一郎等物理学者和生物学者阿道夫·波特曼都高度评价了歌德的自然科学,歌德的自然科学理论渐渐引起了大家的注目。

歌德的《色彩论》

歌德的自然科学论文集中,最受关注的是《色彩论》。歌德在《色彩论》中攻击了唯物论的代表者牛顿。歌德批判说,牛顿把光关在灰暗的房间里,然后用光学仪器对其进行拷问。这里虽然使用了文学性的表达,但歌德是在批判牛顿只把光作为一种物质进行分析,其他都没有考虑。

歌德的观点非常有趣,从他看待事物的方式中不光有认知产生,还有道德。以下是关于光的例子。

光是肉眼不可见的,只有当它照射在物质上,我们才能感知到光的存在。

说到这里，可能有人会反驳：不，不可能。如果是这样的话，那在演唱会会场上看到的光线又是怎么回事呢？但那其实是光照射在空气中的灰尘上形成的光线。

接下来用一个例子来更具体地描述光的特性。假如有一个环境像无尘室一样，空气中完全没有灰尘的黑暗的房间，房间一侧的墙壁上有一个小孔。用手电筒让光从这个小孔照进去，因为光具有直线传播的性质，所以对面的墙壁上一定会有光点。

这样的状况中，如果在房间里从侧面观察的话，就只能看见黑暗的房间里两侧的墙壁上分别有一个白色的圆点，点与点之间没有光线，只有一片黑暗。

再假设有一个人用手挡在了这两点之间。于是，光就会在黑暗中照在这只手上，可以辨认出手在这个位置。这时就可以说，我们人类肉眼所见，即便是看上去漆黑一片的宇宙空间，其实也充满了太阳光。

上面这些都是众所周知的知识，但下面这句话却饶富趣味。

歌德说："光是无私的存在。"

光只是为了照亮自身以外的事物而存在。一瞬间，光就披上了神学色彩，光不仅仅是物质，还充满了神圣的预感。

接下来，我们来谈谈色彩。在歌德看来，牛顿的观点就是错误的。

牛顿说："色彩包含在光里。"

然而，歌德通过多次实验证明了自己的观点。"色彩产生于光与影、明与暗的相交处。"（高桥义人《形态与象征》）

也就是说，歌德主张当光与影（非光的东西）相遇时，会产生"浑浊"或"阴翳"的现象，色彩便是从这"浑浊"中诞生。

牛顿的光学理论只不过是分析光、解剖光，自然不会诞生如歌德一般的哲学见解，也不会诞生道德。歌德也并非刻意将道德混进自然科学研究中，只是最后产生了让人联想到道德的见解。

实际上，牛顿的观点并不是完全错误的。只是他们的视角不同，看待光的方式的不同让牛顿和歌德形成了不同的色彩理论。然而，牛顿的观点是唯物主义的也是事实，这一点在后文中也会再次提及。歌德的色彩理论将色彩和光看作有机的东西，这在后来得到了特纳、德拉克洛瓦、康定斯基、保罗克利、龙格和伊登等艺术家的支持。在后继者的研究当中，这一理论也得到了进一步发展。

歌德的思考方法

如果将朱子学的"先知后行"学说比作牛顿的思考方

法，那么王阳明的"知行合一"就是歌德的思考方法。

近来，受限于计量和因果定律的牛顿自然科学被人们称为"灰色的自然科学"，通俗来说就是"自然科学的思维方式"。它建立于矿物质等非生物世界中的法则之上。这一思维方式只注重结果，一切都是以能否利用、有无作用为价值判断标准，是追求利益和名誉的功利主义的原动力，而这种功利主义支配着现代社会。这样的思维方式无论是对人还是对有机物都会滋生巨大的问题。

而歌德的思考方式则是将体验和内在经验也带入到认知的过程中，换句话说就是重视过程的方法。因此，歌德的自然科学被称为"绿色的自然科学"。在牛顿的思考方法中，观察者（主体）与被观察者（客体）被清晰地区分开来，而且以现象（物质）的背后有理念（本质）的存在为前提。这样的思维方式就是"二元论"。于是人被认为由肉体和灵魂（精神），或者是身体和心灵两个部分组成，正是这样的想法让物质科学发展到了今天。

在"心即理"的章节中也已经说过，歌德的一元论的思维方式是这样的。

> 没有哪种物质存在于我们之外，却不同时存在于我们之内。就像外部的世界带有色彩，我们的眼睛也带有同样的色彩。（《歌德对话录》）

歌德支持哲学家费希特的观点，即人的肉体与灵魂紧密相连，共为一体，不可分割。

将歌德的自然科学称作"绿色的自然科学"的，是现代德国文学的代表者阿道夫·慕施克。他主张抛弃灰色的自然科学，回归绿色的自然科学。

朱子的基本思维方式与希腊学者柏拉图的理性论发展出的西洋思想有着相似之处。理性论主张，可以感知这个现象世界背后，有着现象世界赖以存在的理性（真实的存在）世界。柏拉图认为，唯有通过理性和思索才能认识理性世界。这便是"二元论"，而朱子学便是"理气二元论"。

不论是有意还是无意，相信二元论世界观的人很多。

举例来说，假如我们将现象比作建筑。建筑是我们肉眼可见的，然而让这个建筑得以成立的是设计师脑中的思想和基于思想创造出的设计图。从这个意义上来说，设计图就相当于理性。

然而，尽管真理存在于现象的背后，但当我们对现象追根究底时，最后呈现出的却是物质的极限状态，而对于人真正重要的生存和生命的主题却消失不见了。

关于歌德，我还想做进一步的阐述，这很重要。因为我们太习惯于牛顿的思维方式了。

"现象即真理"，歌德的这种世界观并非唯物论的。

分析性的观察方式、思维方式与综合性的观察方式、思维方式相统合，这就是歌德式世界观。歌德认为"现象即理念（本质）""现象与本质是不可分裂的一体"。

因此，歌德提出了一个特殊的观察方式。歌德认为观察者（主体）和被观察者（客体）之间是没有明确区别的，而观察者的观察态度、观察方式和观察时的内心状态也都与牛顿大不相同。一般来说，人们把歌德的观察方法称作思维（看的一方）和对象（被看的一方）一体化的"对象式思维"。

进入客体之中，与对象合为一体，这样一来对象就会在我的内心讲话。这听起来像禅，实际上就是主张以自然的方式去看待自然的事物。

当然，这种解释仍然让人难以理解。接下来我会以具体的例子来加以说明。阳明学主张向自己的内心追求理，而非向心外求理，因为"心即理"，心原本就具备理（本质），理（本质）是事物在心中的体现。"现象即本质"是歌德的立场。按照歌德形态学的看法，事物本质（理）将浮现人的内心。

这也可以换一种说法，比如"人与自然真正合为一体，在此基础上理解自然"。如果不能合为一体，就无法感受客体，仅凭视觉去知性地理解，如此而已。歌德主张的是唯心论式的一元论。他说，形状与现象中会自然地显现出事物的本质和意义。

我们还是用刚才的设计图与建筑物的例子来进行一段歌德式的思考吧。

建筑物是设计图的现象化。这样一来，设计图与理念和建筑物与现象，这二者之间乍看上去是分裂的，但其实是无法分割的。只要我们仔细观察建筑物，即使不看设计图，建筑物也会向我们讲述它自身的理念。

歌德的形态学

让我们说得更具体一些。近年来，特别是在生物学领域中，歌德形态学受到了关注。在生物学的世界中，包括形态学在内的歌德自然科学也颇受瞩目。接下来就以具体的例子来介绍形态学，来看看它与我们通常看待事物的方式有什么不同。这一观察方式不仅限于艺术鉴赏，也同样可以应用于理解动植物、孩子或身边的任何一个人。

以下的引文很长，摘录于日本唯一的歌德形态学研究者、我的朋友森章吾的书稿。森章吾于一九九二年夏天造访罗马，本文就是记录他在圣伯多禄锁链堂欣赏米开朗琪罗的摩西雕像时的事。即使是对于艺术毫无兴趣的人，也定会惊异于这一有趣的观察方法。

雕塑的整体有一种敦实的厚重感。如果这样的人物站在我的面前，我不禁会心怀敬畏，需仰视才见。……他就是那种拥有坚强意志的强大的领袖类型吧。

在欣赏这个作品之前，我已知道这个人物的名字（作品名），也在一定程度上知道他是个何等人物。但是，即使你没有这些知识储备，目睹这座雕塑都会与我有同样的感受。……我站在这个伟大的作品面前，感到十分不可思议。为什么这个作品如此美妙，能将摩西的伟大表现得如此淋漓尽致呢？究竟是什么力量能让我对他如此敬畏呢？抱着这样的疑问，我不禁将眼光投向雕塑的一个个细节。

首先，我注意到的是掀开衣角，露出的那只壮实有力的右脚。这具极富重量感的下肢坚实地垂立地面。光是看着这些，你就能感受到一种安心感和支撑你的力量。然后，沿着垂直的右脚轮廓线往上，是长长的下垂的胡须，再向上看去，则与后脑勺的轮廓线相连。这条垂直线贯穿了这座雕像的右半身，如果这条线稍有倾斜，这座雕像就会丧失现有的力量感，变成一个缺乏决断力的摩西。

他的右手拿着一块沉重的石板，看到这块石板时，你一定要感到惊讶：这不是一个非常平整的青年们，读王阳明吧！

几何形吗？这完全是一块几何形状的石板，在摩西的时代，做出这样的形状应该要花上相当长的时间。这块石板上刻着神授予的"十诫"。其寓意就是要将神授予的戒律，用象征人类智慧结晶的几何形状，刻写在最为坚固的物体石头上（您可别跟我说，根据莫氏硬度，最硬的是硬度为10的钻石）。

而当我看着他的胡子时，我注意到了一件奇妙的事。他正用右手的食指和中指撩起胡子，就像拉开窗帘一般。窗帘被拉开后，呈现于表面的便是心脏。但他不是面向正前方的我们打开的，而是面向左前方。仅仅从身体语言的角度来想，向对方袒露自己的心脏可能是什么意思呢？即使略显保守，那也是在表达最大程度的诚意。摩西正向某人敞开心扉，眼光锐利。

然而，这绝不是面对敌人的眼睛。面向敌人也敞开心扉，那还要等到耶稣诞生。他撩起胡子的右手食指和中指确实是让他向着左方敞开的。细看的话，本应勾起胡子的食指却伸得笔直，宛如指示着方向。

这是犹太人的特长。与日本人不同，他们鼻子很高。但神奇的是，将与头发和胡子连在一起看的话，脸部的轮廓却是凹陷的，像容器一样。或许是因为脸微微上仰，他的脖子向后方倾斜。但在这里我们感受到的却不是他物理地看向上方，而是他怀有某种畏惧。

摩西的左脚被衣物覆盖，并向后牵扯，我觉得这在雕像上应该没有什么特殊的意义。但我们丝毫也不会觉得这是这个作品的弱点。实际上，只要我们试着做一下这种姿势就能知道，比起稳稳踏在地上的右腿，这样抬起脚跟向后方弯曲的姿势是使不上力气的。换句话说，这条左腿代表着无力，更进一步地说就是代表着左侧的无力。

他的左臂从肩膀到手背都十分清晰。他微微绷紧手肘，手背上血管隆起。这只左手对他所注视的存在发挥着防御墙一般的作用。他正赌上性命向那个存在敞开自己。但他不是主动奔向对方，因为他感受到了自己的无力。

让我们来整理一下前述的观察。在摩西的右侧，沿着垂直方向稳稳地踩在地面的右腿、垂下的胡子、呈几何图形的坚硬石板等等，这些是中心题材。"重量"和"矿物"等最接近人世的题材也显现出来。

而在摩西的左侧，袒露的心脏、张开的手指、眼睛、犄角、下凹的面孔、墙壁般的左臂、失去力量的左脚是主要的题材。我认为摩西正对什么样的存在敞开自己已经一目了然了，那只能是神。人在面对神时复杂的关系以各种题材被雕刻在他身体的左侧。神性与人性在这座雕像中对抗。

而摩西究竟是怎样的存在呢？他是犹太人中唯一一个能够接受神的谕示的人，然后他将神的谕示中最重要的部分刻在石板上。换句话说，他是一个能够与神相连，同时又与人世相通的人物。要表现这样的人物，或许只能像这座雕像一样来展现吧！

米开朗琪罗将摩西的理念和精神的形态雕刻在大理石这一材料中。这就是艺术。

在这篇论文中，森章吾主张"人与自然融为一体，再去理解自然"的重要性。20世纪70年代以来，环境保护问题的启蒙活动以公害教育的形式蓬勃兴起，展现在人们眼前的地球上的种种灾难，触目惊心。然而，森章吾说这样的"胁迫型"公害教育是有极限的。

他认为，这类启蒙活动并没有让人们变得更加热爱自然。人们虽然喜欢自然，却不想让鞋子被泥巴弄脏，也不想吃虫蛀的有机蔬菜。

森章吾说："人类能否解决公害问题，不在于'让自己的身体不被毒害'，而在于能否拥有'更广泛地爱自己的同胞与自然'的能力。"

森章吾想说的是，要培养人们爱自然与同胞的能力，歌德自然科学的形态学是一种方法。我也对此抱有同感。阳明学也同样是最适合的方法。爱的力量也是需要通过培养才能获得的。能够爱人、爱自然也是一种能力。

> 歌德这样说："要想观察自然的话，不被任何事物干扰，不被先入为主的观念所限制，这样一份安宁纯净的心是非常重要的。"（《与歌德的对话》）

而这正是阳明学中所说的无私欲、无执念的内心状态。

感官体验带来的体会

歌德形态学的前提是对象与自然合为一体，缺少与自然同化的意志和对自然的爱，就无法获得认知。人的认知活动是以"对自然的爱"为前提的。"对自然的认知"进一步深入，"对自然的爱"也会更加高涨。二者相辅相成，认知的主体——人在某一时刻也可以成为圣人。

看到花和动物时，人会在脑中形成概念。然而，只知道这些还不足以达到认知。这仅仅是对于应该细细品味的东西匆匆一瞥。人应该将自己的情感与事物和各种存在相联结，细细品味。为了做到这一点，也必须将分离的头脑与心再次统合起来，让心灵充满活力，丰富自己的感官体验。

王阳明也说过同样的道理。

> 又如知痛，必已自痛了，方知痛。知寒，必已自寒了。知饥，必已自饥了。知行如何分得开？此便是知行的本体，不曾有私意隔断的。圣人教人，必要是如此，方可谓之知。不然，只是不曾知。此却是何等紧切着实的工夫。如今苦苦定要说知行做两个，是甚么意？某要说做一个，是什么意？若不知立言宗旨。只管说一个两个，亦有甚用？（《传习录》上卷）

"体会"是阳明学的基本态度，也被称为"体认"或"自得"。也就是说，仅有书本知识是不够的。打个比方来说，通过读歌德的书来了解歌德的色彩理论，但仅仅阅读是否就能真正理解呢？也许会有理解的人，但应该非常少。在色彩学的前提下，有人通过阅读也是可以达到理解的。

但是，如果通过实验、通过自己的眼睛去确认来学习色彩理论，那就不再是纸上谈兵的学问。毋庸置疑，比起只读书，读书加实践这种方式更能让人理解。去看、去体验与仅通过书本来了解知识是有着很大差别的，它不只需要理论，还需要情感。

我自己也多次尝试将歌德色彩理论的实验用在讲座中。在投影仪发出的白色光前方制造浑浊，浑浊通过重叠多张复写纸来制造。而在这个过程中，复写纸上会出现颜色。随着复写纸一张张重叠，颜色也会从黄色变为红色。每当这时，观众们都会带着惊奇和感动发出"哇！"的呼声。如果仅仅是在书里读到有关这一现象的内容，读者会惊奇地喊出声吗？

关于歌德的色彩理论为何没有广泛传播开来，歌德是这么说的。

> 这是因为很难向人们说清楚。众所周知，它光靠阅读和学习是远远不够的，还必须亲身参与实验才行。这便是最难的地方。（《歌德对话录》）

歌德说，诗歌与绘画的创作原理在某种程度上可以传授，但要想成为一名优秀的诗人和画家，则必须去通过体悟才能实现。

由于过于强调体悟，比起回答他人的提问，王阳明更多是投以冷漠的反问。当然，反问也是依对象而定，王阳明会根据对方的成长阶段，提出相应的问题，展开对话。这一点也是人们常常将他与禅学相联系起来的原因。

要将自己的体悟传授给别人是很难的。要想真正理解，就只能通过实践，通过体悟。在这一点上，王阳明的作用就像产婆，帮助他人获得体悟。王阳明以讲学的方式为推进体悟做出了最大的努力，这是他能做到的真正的理想社会建设的第一步。不过，他也并非像提倡不立文字的禅宗一样主张经验主义。

理性作用的复权

在前文中，我阐述了将知与行割裂看待的思维方式是错误的，分析性的观察法也可以说成是领悟性的观察法，它是将事物分成一个个个体再去逐一理解。

而与此相反，歌德与王阳明的主张则可视为理性作用的复权。他们认为，由于悟性的作用而被分解的事物只是死的知识，它们需要通过理性的作用再次统合起来，重新获得活力。心与理一体，万物一体，本质与现象也是一体，我们必须培养这种综合性的观察法，让知识恢复生命力。

歌德和王阳明都不是在否定悟性的作用。阳明学在劝谕人们学习圣贤的教诲——四书五经的同时,也强调了内心和良知的权威。其重点在于内心,但绝不是否定知识与学问。王阳明主张事上磨炼,但同时也重视工作之外的讲学,也不否定读书。他在与弟子们的问答中涉及的题材也是《论语》和孟子思想,还有与朱子学相关的话题。

首先要通过悟性的作用来获得看起来索然无味的正确知识。比如,鸡蛋的保存方法,尖的那头和圆的那头,哪头朝下更好呢?这个问题的答案可以从关于鸡蛋功能的分析性知识中获得,答案是尖的那头。

在现在的小学、中学所学的大多是分析性的观察法,也就是通过悟性的作用获取知识。然而,它们不过是些枯燥无味的知识。我们应该通过理性的作用,带着充满活力的感性去体验知识,用内心的温暖和亮光去照耀灰暗冰冷的无机的知识。要做到这一点,首先就要恢复对内心和感性的信赖,努力做到知性和感性的平衡。

歌德的思想和观点与王阳明相同,都是从无尽的努力和磨难中孕育而生的。歌德不仅仅是学者和作家,他还是一位时刻思考着"人应该怎样活"、在人生路上挣扎搏斗的实践家。名著《浮士德》就是他不懈努力的结晶。在《浮士德》的第一部中,我们会看到想要探究人类一切知识却终究绝望的老学者浮士德,他追求的是可以称作参悟的生存认知,希望触摸到"在最深处控制着生命"的东西。可以说，浮士德就是作家歌德的化身。王阳明、浮士德、歌德，他们拼命追求真理的身影宛如一人。

歌德于晚年对他的弟子爱克尔曼说：

> 人们总称赞我为命运的宠儿，对此我不想表达什么不满，也不想哀叹过去的生活。但归根结底，在我这七十五年的生涯中，除了劳苦（努力）和工作之外别无他物，真正开心的时光也许连一个月都没有。我只是不断地、不断地推动着一颗巨石向上爬。（《歌德对话录》）

歌德的一生，可以说是在满足自身的欲望与满足外界（他人与社会）的要求之间挣扎、奋斗的一生。从四十一岁到八十三岁去世之前，他撰写《浮士德》，笔耕不辍。从这层意义上来说，《浮士德》即是他毕生的事业。

歌德通过《浮士德》所表达的人生观、宗教观，读来十分有趣。

歌德说："人只要努力就会感到困惑。"他又说："只有不懈努力的人才会得到上帝的救赎。"这句话体现了歌德的宗教观，也就是绝对自力之道和所谓"恩宠"的绝对他力之道之间的协调思想。人的自我努力和神的恩宠互相配合，歌德体会到了这一境地。此二者缺一不可，合而为一。这与王阳明"四句教"的观点一致。

阳明学通常被视为自我救赎的教诲,但正如王阳明在龙场悟道时说的一样,"仆诚赖天之灵,偶有见于良知之学",这一点也是不可忽视的。也就是说,阳明学是自力与他力合一的思想。

从歌德晚年说的这句话中也可以窥见这一境地。

> 归根结底,什么是通过自己获得的,什么是通过别人获得的,或者是凭借自己的力量开展行动的,还是借助他人的力量开展活动的,这些问题全部都是愚蠢的。重要的是,你是否怀有超人的意志力和能够成就这份意志力的技能和耐力。(《歌德对话录》)

"自力"和"他力"、"自由"与"命运"不是毫不相关的两样东西,而是共为一体的。

关于静坐

在第二部分的最后,我想作为补充内容,对静坐及其方法做出说明。不过,要调查并重现王阳明时代的静坐法十分困难,几无可能。因此在这里我将介绍阳明学右派

（归寂派）代表人物刘宗周（念台）的静坐法和华德福学校——这个实践着本书中引用过几次的鲁道夫·施泰纳教育学的学校中用于培养教师的冥想方法。

刘宗周的静坐法

刘宗周在《人谱》中记述了这样的具体方法。

> 一炷香，一盂水，置之净几，布一蒲团座子于下。方会，平旦以后，一躬，就坐。交跌齐手，屏息正容……忽有一尘起，辄吹落；又葆任一回，忽有一尘起，辄吹落。如此数番，勿忘勿助，勿问效验如何。（《刘念台文集》）

他还在《慎独说》中这样说道。

> 坐间本无一切事，即以无事付之，既无一切事，亦无一切心。无心之心，正是本心。瞥起则放下，粘滞则扫除。只与之常惺惺可也。此时伎俩，不瞑目、不杜聪、不趺跏、不数息，只在寻常日用中。有时倦则起，有时感则应。行住坐卧，都作坐观，食息起居，都作静会。昔人所谓勿忘勿助间，

未尝致纤毫之力，此其真消息也。(《刘念台文集》)

鲁道夫·施泰纳的冥想法

以下是以鲁道夫·施泰纳的《支撑教育根基的诸精神力量》为中心的说明。

阳明学重视"诚"，在佐藤一斋的《言志耋录》的第一〇六条中有着这样的话：

"不自欺，此可仕天。"

不是对别人，而是不欺骗自己。尽至诚，这即是遵循天理。至诚即是不对自己说谎，这与阳明学中的"诚"意义相通。

施泰纳认为冥想"需要忍耐与内心的能量"，接下来他如是说：

> 与自己做一个约定并始终遵守，这是实现冥想的条件之一。一旦开始冥想，这个人便在进行一个人生命中唯一真正完全自由的活动。……我们随时可以中止它。……冥想行为是一项根本性的自由行为。即便如此，我们如果对自己保持诚实，不与别人而是与自己立下约定诚实地进行冥想的话，那

（也就是对自己保持诚实）便象征着我们心中巨大力量的存在。(《支撑教育根基的诸精神力量》)

接下来介绍施泰纳的方法论。

冥想时需要一篇集中注意力的文章。不过，重点在于这篇文章应该"宛如数学公式一般透明"。

如果你一想到某句话、某个词，各种情感与回忆便会涌现于脑海，那是无法实现纯粹的冥想的。为此，施泰纳为大家提供了一个范例："真理就在光芒之中。"

重点不在于内容本身，施泰纳说"重要的是从内心、从精神上去洞察内容，在此基础上让意识得到休息"。

一开始你可能只能让意识获得短暂的休憩，随着冥想活动的不断重复，休憩的时间也会一点点变长。

对此施泰纳是这样说明的：

> 这到底是怎么回事呢？这是因为，为了让我们内心的思考和所有的情感力量都集中在同一个内容上，我们就得将整个人的身心凝聚于一体。要想让手臂的肌肉变得强壮，就必须锻炼手臂，与此相同，心灵的力量也需要通过集中于一念来开展锻炼。可能的话，这一念最好持续数月甚至数年，因为如果真的要探究超感觉的事物，首先就必须锻炼

心的力量使其变得强壮。(《支撑教育根基的诸精神力量》)

如此以往,通过持续冥想锻炼心灵的力量,伟大的时刻会突然造访。然而,冥想须在每天某个特定时间内进行,否则难以见效。这为的是给忙碌的日常生活注入一定的节奏,让人生如宇宙一般拥有节奏感。不过,冥想的时间只要保持在五到十分钟就足够了。

对于冥想的作用,施泰纳进而指出,通过冥想,人可以像植物一样进行带有节奏感的呼吸。在冥想中,通过有节奏感的呼吸,短暂的时间里呼吸也会变得纯粹,人类的本性中将再次获得植物的性质,"不杀生"的准则得以遵守。

补遗 一 阳明学在日本的四次热潮

根据东洋大学名誉教授吉田公平的研究，在日本阳明学曾兴起四度热潮。其中值得大书特书的是，从明治后期开始到大正、昭和初期所兴起的最后一次，也就是第四次阳明学热潮。这次热潮明显超过过去的三次，已成蔓延全日本的最大的阳明学运动。作为昭和时代知名的阳明学者，安冈正笃（1898—1983）不过是第四次热潮的点睛之人，但是出版过无数阳明学书籍的第四次热潮，却完完全全地从近现代史中剥离出来，到今天已几乎无人知晓了。

◆ 第一次阳明学热潮：江户时代前期

因阳明学而大悟的"日本阳明学的始祖"中江藤树

东洋大学名誉教授吉田公平曾这样说过：

"日本阳明学的开拓者是中江藤树。藤树门下有熊泽藩山和渊冈山两派的龙虎竞秀。尤其是渊冈山一派流布全日本,以阳明学的良知心学作为生活信条的人才辈出。"(《日本近代——明治大正时期的阳明学运动》)

出身农民之家的中江藤树(1608—1648),九岁之时,寄养到曾为武士的祖父那里,自学汉文和朱子理学。然而,他对朱子理学逐渐产生疑问。十八岁时,父亲亡故,藤树担心独自一人生活的母亲,二十五岁时向伊予大洲藩(现在的爱媛县)请求辞职。辞职未果,二十七岁时以尽孝为由而脱藩,回归故里近江小川村(现在的滋贺县高岛市),一边经营小酒馆,一边开设私塾向武士及村民们传授学问。从这一点来看,藤树是日本"儒商"的先驱者。藤树四十一岁时英年早逝,但他培育了在日本历史上留下巨大脚印的两大弟子,从这一点来看,藤树又是一位杰出的教育家。

藤树因阳明学而大悟,向门人们传授阳明学,因此被称为"日本阳明学的始祖"。藤树将阳明学与神道相结合,在其晚年,还将佛教引入其中,提倡"儒教、佛教、神道的三教一致"。

中江藤树,是一名阳明学学者,更是日本阳明学的鼻祖。自幼便学习朱子理学的中江藤树,在读过王阳明的高徒王龙溪的《王龙溪语录》后欣喜万分,大为感叹:"几个困扰多年的疑问终于冰释!"(林田明大《中江藤树评传》)时年三十三岁。在四年后的三十七岁时,中江藤树与《王阳明全集》相遇,这成为其大彻大悟的契机。关于这次相遇,他如下说道:

"这才是我人生最大的幸福!这种喜悦无以言表。如果我不曾遇到《王阳明全集》,我的一生将终归是完全虚无的,这次相遇殊堪庆幸。……百余年前,王阳明这位先知先觉者指出了朱子理学的谬误,确立了汲取孔孟之教的正统学问。王阳明信奉《大学古本》(朱子在加笔订正之前的原始的《大学》),将'致知'的'致'理解为'良知',并示于世人。受其恩惠,我的迷惑得以开释,获得大悟。"(《中江藤树评传》)

以上是藤树在四十一岁亡故的五个月前,写给门人的书信中的一节。买到从中国带回的《王阳明全集》,熟读之后,感叹"找到修德之门"(同上),这种喜悦之情溢于言表。

中江藤树亡故约百年后的江户中期,第九代将军德川家重统治下的宽延三年(1850),江户时代的儒学家河口子深(号静斋)作如下评述。

"藤树先生喜好阳明王子之学(阳明学),超越荣誉和利益,远离凡尘。其人品感动世人,被尊为近江的圣人,豪杰也多从其弟子出。渊源右卫门(渊冈山)、中川

权左卫门（权叔）虽然名于天下，然师从藤树之人并不沾名，所以其名未传于后世之人大有人在。"①（《斯文源流》）

在日本，被人自发地称为"圣人"的日本人，中江藤树是史上第一人。我时常说："中江藤树之于日本的地位就如同歌德之于德国。"个中缘由之一便在于此。

藤树是为做人也就是"立德"鞠躬尽瘁的人，"立功"与"立言"是其副产物。

此时，若说起知名的阳明学家，可数藤树的三大弟子：熊泽蕃山（1617—1686）、渊冈山（1617—1686）、中川权叔。其中以前两人声名更著。

蕃山传授神道与儒教一致的阳明学，而冈山主张的是儒佛神的三教一致的阳明学。蕃山的门人均是大名与公卿，也就是上流社会的精英，而冈山的门人都是地主、富商、武士、医师等，也就是普通庶民的精英们。

如若说起饶有兴味的门人，当数"三斋流茶道"的创始人幕臣一尾伊织。他通过当时的家臣渊冈山的介绍而拜在藤树的门下。

第一次阳明学热潮，主要发生在中江藤树的主场——近江（现在的滋贺县高岛市）、藤树的高徒熊泽蕃山与藩主池田光政共同进行藩政改革的冈山藩（现在的冈山县

---

① （　）内是笔者注。

冈山市）、藤树的高徒渊冈山及其门人们活跃的京都、大阪、会津（现在的福岛县喜多方市）等地，主要以关西为中心遍地开花。

其后，阳明学与京都、大阪的文化一起，自关西逐步东迁。在江户时代中期的十八世纪，阳明学影响着以江户为中心的江户大众文化，并与之共同花开，也一起迎来衰退期。

被大名与公家所尊崇、穷究实学的技术官僚熊泽蕃山

说起熊泽蕃山，专家们把他当作神道家、"日本主义思想的先驱者"（伊东多三郎主编《日本的名著⑪中江藤树・熊泽蕃山》、伊东多三郎《藤树・蕃山的学问与思想》），然而，与中江藤树一样，他在战后也被人们完全遗忘。那么，以下略述一下蕃山两个小故事，由此可窥见这名超级明星的身姿。

通常，儒学家被大名所雇用时，作为藩主的侍读（兼任家庭教师、顾问等），俸禄也就在三百石左右。然而，蕃山在庆安三年（1650）、年仅三十二岁时被任命为三千石俸禄的火枪队队长（侍大将，军事及警备的最高责任人），并被委任以治理藩政之职。这是在藩主的家臣团中，地位仅次于最高地位的家老之后。据说，对于这种破格待遇，针对蕃山的暗杀行动也曾发生过。秋山弘道《慕

贤录·熊泽伯继传》披露了另一个小故事。

这是发生在蕃山三十三岁、在藩政改革中取得成果之前的庆安四年（1651年，也有庆安二年之说）的事。由于藩主池田光政在江户逢人便说蕃山及其恩师中江藤树的"心学（阳明学）"，江户的大名及旗本等几乎无人不知蕃山之名。蕃山跟随藩主光政前往江户进勤时，以纪州的德川赖宣（德川家康的第十个儿子，纪州德川家之祖。八代将军吉宗的祖父）、老中松平信纲为首，板仓重宗、稻叶正则、久世广之、松平康信、板仓重矩、中川久清、水野忠增、本多忠平、浅野长治、堀田正俊、松平恒元等大名及旗本们争相邀约，希望倾听蕃山的讲学或想与之面会，以至于蕃山所居宅邸前迎来送往的轿子络绎不绝，有的是派轿子来接送的，有的更是直接坐轿子来拜访的，让人瞠目结舌。一名儒士被请到大名或旗本的家中讲学，稀松平常，但大名和旗本亲自来会，就为了倾听冈山一名藩士的一席话，这可是前无古人后无来者，唯有蕃山此一例！

这件事在后藤三郎的《日本教育先哲丛书第六卷熊泽蕃山》（合资会社文教书院）之中也有如下记述：

"（被称为智慧伊豆的）松平信纲等拥有三公（律令制太政官的最高官职太政大臣、左大臣、右大臣的总称）之职者，在迎接蕃山之时无不待之以宾客之礼，呼其名后均加'阁下'，以示同等之尊重。通常，诸大名在辞去之时不会送至第二个房间，然在蕃山告辞之时，每送至大门，待遇之高可见一斑。'三公尚且如此，遑论其他诸大名矣。'蕃山在其自著（《集义外书》）中如此记载道。"

不仅如此，包括上述人物在内，数十人均行弟子之礼，成为蕃山的门人。实际上，幕府将军德川家光也曾想引见蕃山，但由于其当年过世而未能实现。

熊泽蕃山不单单是学者，还是一名穷究实学的技术官僚。当时，熊泽蕃山有"治理水土山林事业第一人"的称号。在其三十六岁，承应三年（1654）七月时，冈山藩发生了在江户时代最大的"备前大洪水"，蕃山在这场抗洪救灾中充分展示了其能力和价值，一举扬名全国。当旭川大洪水侵袭备前平原，以及次年发生大饥荒之际，蕃山辅佐藩主光政，代替藩主巡视领内，尽力救济饥民，竟不曾出现一个饿死者。

关于熊泽蕃山那些声名显赫的门人们，在拙著《阳明学与忠臣藏》中有详细说明，以下仅仅是蕃山主要高徒中的一部分。

○ 纪州德川家初代藩主·德川赖宣

○ 川越藩主·老中·松平信纲

○ 公家·北小路俊光

○ 公家·歌人·中院通茂

○ 三次藩初代藩主·浅野长治

○ 丰后（现在的大分县）冈藩主·中川久清
○ 古河藩主·大老·堀田正俊
○ 师从中江藤树的刀工·井上真改。被称为"大坂政宗"等。

在京都西阵开设学馆，教授藤树学与阳明学的渊冈山

至于藤树的另一位高徒渊冈山，虽然在幕府末期及明治前期被人们完全忘记，但在明治末期开始的第四次阳明学热潮之中，人们发现了渊冈山及其门派相关的资料，以此为契机，"日本阳明学"的全貌得以重现。对渊冈山及其门派的研究一直持续到第二次世界大战前夕，1970年前后这类研究再次启动，其成果可从木村光德的《日本阳明学派的研究》（明德出版社）、吉田公平的《日本近代的心学思想》（研文出版）、吉田公平·小山国三的《中江藤树心学派全集》（研文出版）、吉田公平·小山国三的《中江藤树的与会津·喜多方》（研文出版）等著作中管窥一斑。

关于渊冈山在京都西阵开办中江藤树的祠堂和学馆，传授藤树学和阳明学，吉田公平·小山国三在《中江藤树的与会津·喜多方》中有如下记载：

"在江户时代的初期，以'如何生存'为主题的中江藤树的心学，被藤树晚年弟子渊冈山所继承。冈山在世之时，藤树心学传播至奥州、武州、势州、畿内、中国、九州等约二十四个地区。"

把中江藤树的心学作为生活哲学普及推广，在直至幕府末期的两百年中，尽力维持这一学统的，其实是会津的人们。

距今约三百五十年前，江户时代初期，宽文年间（1661—1672）之初，为了求得"应该如何生存"的真谛，两位青年从会津的若松城下踏上了远赴京都的旅途，他们是大河原幸重和荒井贞安。二人在京都之地，拜在中江藤树的晚年高徒、中江藤树心学的正统继承者渊冈山的门下，学习藤树的生活哲学及心学，于数年后回到会津故里。

二人将藤树的心学传授给了会津藩家中、城下町若松（现在的会津若松市）以及北方（现在的喜多方市）的人们。在那之后直至十九世纪中期、幕府末期的二百年间，在会津，藤树心学被众多人所传习。人们将渊冈山的教示与语录以及冈山与诸弟子应答的书简等记录为笔记，以供学习之用。这些语录与笔记在各个时代被反复编辑，以抄本的形式流传于世。这些手抄本的大部分被藤树心学最后的继承者三浦长亲的后裔悄然珍藏在会津的三浦家中。

明治时代后期，东敬冶主持阳明学会，刊行机关报《阳明学》，调查、发掘埋没于日本各地的阳明学者，并将他们的遗书遗言发表在《阳明学》上。东敬冶也非常关注渊冈山及其门下诸弟子的遗书遗言，加上评语及注释发表在《阳明学》。

遗憾的是，此等事实在今天除了会津及喜多方市的一小部分人之外，几乎不为人知，而在会津若松市则更是无人知晓了。

上文的后半句我写了"而在会津若松市则更是无人知晓了"，难能可贵的是，2015年以来，在"喜多方市主页"中，人们终于可以获知关于中江藤树和会津藤树学的内容。

在此披露一则关于渊冈山的小故事，当然这也是出自同一本书。

"五代将军纲吉传出旨意，要召见渊冈山并听其讲学。

渊冈山遂赴江户，进而从各藩国召集研习藤树心学之人会集于江户，居所分配至各大名，凡此种种，筹备工作顺利进行。

然而，贞享元年（1684）八月二十八日，负责筹备此事的大老堀田正俊因在江户城内被大目付稻叶正休刺杀，冈山对纲吉的讲学也随即终止了。"

冈山回到京都，其时的神情在《北川亲懿翁杂记思案录抄》中有如下记载。

"'时机未至，命也。'冈山先生丝毫不见遗憾之态。"

冈山于贞享三年（1686）十二月二日，在京都的学馆亡故，享年七十岁。在其之后，冈山的弟子们活跃于京都及大阪等地。

如果说起渊冈山的第一高徒，首推木村难波。

在阳明学影响下的赤穗四十七义士的"赤穗事件"

有一件需要特别提及的事。渊冈山亡故之后，一个事件的爆发，令人们发现阳明学因渊冈山弟子们的活跃而得以推广的事实。这就是发生于十八世纪初期的元禄年间、对武士道的形成起到极大影响的"赤穗事件"。在拙著《阳明学与忠臣藏》中，我已有详细记述，因此在这里我仅略述一下概要。在忠臣藏中被人们所熟知的赤穗四十七义士的精神，过去一般认为是受山鹿素行（1622—1685，江户时代前期的儒学家）的思想，然而，"赤穗事件"与阳明学之间，有着超出忠臣藏粉丝们想象之外的密切关系。下面列举其中数项：

○ 赤穗义士吉田忠左卫门私淑于中江藤树，同样作为义士的木村冈右卫门，曾经师从吉田忠左卫门及阳明学者小川茂助。小川茂助也是中江藤树的门人之一。

○ 赤穗义士冈野金右卫门的女儿是藤树的三大高徒之一、阳明学者中川谦叔之子备前冈山蕃士中川来助的侧室。

○ 赤穗义士堀部安兵卫武庸的亲友、日本首屈一指的书法家、阳明学者细井广泽（阳明学者北岛雪山的门人，向熊泽蕃山的高徒、公卿、诗人清水谷实业学习和歌和阳明学）直接支援了赤穗义士的复仇。支援赤穗义士时的细井广泽是五代将军·德川纲吉的心腹宠臣柳泽吉保的儒臣，事件发生后细井广泽辞职但未被问罪，继续供职于幕府。

○ 在江户城内刺杀幕府高家的吉良上野义央，并于当日切腹的赤穗藩的三代藩主浅野内匠头长矩（三十五岁）是阳明学者北岛雪山的书法弟子。北岛雪山在长崎向明朝武将、阳明学者孙承宗的门人俞立德、黄檗宗等一众僧人学习书法及阳明学。

○ 赤穗三代藩主浅野内匠头长矩之妻阿久里（也称阿久理、阿久利、瑶泉院）之父，也就是内匠头长矩的岳父浅野长治（备后三次藩初代藩主）是阳明学者熊泽蕃山的高徒中的高徒。

○ 大石内藏助之母熊（熊子）是当时阳明学盛行的冈山藩的国家老池田出羽守由成的女儿。不过，池田由成却背叛了信奉阳明学的藩主池田光政。

○ 冈山藩主池田光政私淑于中江藤树，并拜藤树的高徒熊泽蕃山为师，作为其部下信奉阳明学。其女通姬（别名辉子、靖严院，大叔父德川家光的养女）是熊泽蕃山的高徒、权大纳言（公卿）一条教辅之妻。
○ 五代将军德川纲吉的侧用人柳泽吉保曾是阳明学者北岛雪山的书法弟子。此外，吉保的爱妾染子的和歌老师是熊泽蕃山的高徒、位居公卿的中院通茂。

◆ 第二次阳明学热潮：江户时代中期

藤树学派的活动逐渐由关西东移至江户

阳明学的第二次热潮发生在十八世纪的江户中期，正值八代将军德川吉宗的治世高峰。因《忠臣藏》而广为人知的赤穗事件发生在1702年12月至次年1月的十八世纪初、第五代将军德川纲吉的统治时期，但是赤穗义士们的人生实际上是在十七世纪末期，所以被归于第一次热潮。

这个时期颇为活跃的阳明学者，主要有如下几位：
○ 日本第一书法家细井广泽。他因直接支援赤穗义士的复仇而为人所知，同时他也是一名知名的篆刻家。

○ 儒商二见直养。相当于中江藤树的高徒渊冈山的徒孙，是江户藤树学的领袖人物。
○ 阳明学中兴之祖三轮执斋
○ 曾为禅僧的中根东里
○ 仙台藩的商人谷田屋十三郎与浅野屋甚内。通过以矶田道史《无私的日本人》中的一篇《谷田屋十三郎》（基于荣洲瑞芝《国恩记》所写的记录文学）为原作的电影《殿下，给您利息！》（2016年）而为人所知。
○ 文人画家浦上玉堂。以国宝水墨画作品《冻（东）云饰雪图》而为人所知。

在这里，我要就渊冈山京都学馆的后续发展作一概述。渊冈山的嫡长子渊半平成为第二代主人。半平过世之后，渊贞藏（渊冈山的门人，会津藤树学的领导者之一，东条方秀之孙）是第三代，第四代是贞藏的长子渊良藏，由此，以会津为中心，藤树学派的有志之士们代代相传，京都学馆一直存续至因天明八年（1788）的京都大火而焚毁之时。其间，藤树学派的活动逐渐东移至江户。

一边经商，一边将藤树学传授给旗本、医师、僧侣、浪人、商人们的二见直养

在这里，我不得不提到江户藤树学的领军人物二见直养（1657—1733）。他作为商人所取得的成功，很大的原因在于他精研包含阳明学在内的藤树学，不断陶冶内心，并借此登顶江户藤树学指导者的地位。

通过自己白手起家而将松下电器株式会社创办成世界级企业的实业家松下幸之助曾经这么说："在商业交易中，信用是非常重要的。如果没有信用，交易便不能达成。能否从对方那里得到信任，是作为商人，作为实业家，马虎不得的一件大事。因此，始终不渝地追求信用，这是至关重要的。"（月刊*PHP* 2008年10月号）

有信用的人就等于有道德的人，也是有人格的人。

要成为一名有信用的人，就必须像京瓷株式会社和第二电电株式会社（现在的KDDI）的创始人稻盛和夫所说的那样，要不断地磨砺自己，"提高人格"，"提高心性"。

回归主题，来说说二见直养。

当渊冈山的高徒木村难波的继承者松本以休在京都活跃时，二见直养在江户也开始活跃起来。他是继曾为江户藤树学的领军人物、渊冈山的高徒田中全立（善立）之后，逐渐成为江户地区藤树学的领军人物的。伊势神官出身的二见直养原是在江户的大传马町贩卖轧花棉的儒商，销售渠道北至东北，南及九州的长崎，堪称豪商。直养一边经商，一边将藤树学传授给旗本、医师、僧侣、浪人、商人们。

一介商人的二见直养因一篇文章而引起了将军德川吉宗的注目

二见直养曾受幕府之命，撰述中江藤树的思想大略。享保六年（1721），他向幕府提交了《藤树学术之辞书》，这在幕府的《台览》中有记录可查。一介商人的一篇文章能引起将军德川吉宗的注目，正是其享誉全国的证据。

这年秋，昌平黉的儒官（总长）、曾经在私塾教授过阳明学的佐藤一斋访问了藤树书院。藤树学能够堂堂正正地成为幕府公认的学问，与一斋对藤树书院的访问不无关系。

在享保年间（1716—1736），藤树学渗透到了家庭之中。藤树的道歌（用浅显的语言咏唱佛教及心学精神的和歌）以及藤树的著作《翁问答》《鉴草》《孝经启蒙》等进入寻常百姓家。当时人们为了进行女子教育而将《鉴草》中的一节，例如"孝德（行孝道的德）之报"摘抄下来交给即将出嫁的女儿，或是为了祈祷能够产下孝顺的孩子，而将儒教经典之一的《孝经》小册子放入孕妇的腹带中，作为平安生产的护身符。（后藤三郎《中江藤树传及道统》）

花道"宏道流"借鉴了明代阳明学者、汲取王龙溪思想的袁宏道的《瓶史》。"宏道流"自江户中期创始以来，存续至今，实属有趣之至。

在日本阳明学影响下诞生的石田梅岩的经商之道

在这里，我还要谈谈石田梅岩的经商之道及其"心学"。

就结论而言，在十八世纪日本第二次阳明学热潮中登场的石田梅岩，他的心学实际上就是在发端于中江藤树的日本阳明学影响下诞生的经商之道。

这一事实不仅为石田梅岩的研究者所认同，而且不论是谁，只要比较一下两者的思想便能够明了。石田梅岩作为一介商人在经商的同时，也在探寻经商之道，他不可能不注意到同住京都的渊冈山的京都学馆。此外，还有一件非常有趣的事，梅岩在京都邂逅黄檗宗而拜其为师，得到开悟。实际上，代表明代禅宗的黄檗宗与阳明学有很深的渊源，这一点是众所周知的。

梅岩及其弟子们在传经授道时不是使用儒教经典及某人的著作，而是选择将思想口语化，通过讲学来培育人才。

比如，石田梅岩的心学曾如此说道：

"人，无论谁在出生之际均持有本心，然而，当成年之后，人又因为私心而遮蔽了其本心。由此，唯有将私心拂去，回归本心才是心学所应设定的目标。"（森田健司《柴田鸠翁的〈道话〉中的禁欲主义心学——石门心学思想的变容及退潮》，《大阪学院大学经济论集》第二十五卷第一号）

阳明学认为，根植于肉体的私欲阻碍着人与生俱来的本心，也阻碍着良知的发现，所以应该摒除私欲，回归良知。唯有如此，社会才会向善。关于阳明学的思想，我会在正文中详加解说。

◆ 第三次阳明学热潮：从江户时代后期到幕府末期·明治维新期

幕府末期的雄藩，萨摩、长州、土佐、肥前四藩都信奉阳明学

第三次阳明学热潮划定于自江户时代后期到幕府末期明治维新时期，这已成定论，得到了国内外学者们的认可。我也以幕府末期的志士与阳明学为题，撰写过专著《志士的流仪》。

关于这一时期的阳明学，最显而易见的是，如果看一下幕府末期号称雄藩的"萨长土肥"便一目了然，萨摩、长州、土佐、肥前这四藩无论哪一藩均尊奉阳明学。进而言之，连与萨长土肥敌对的会津、冈山以及长冈藩，也都盛行阳明学。由此可见，阳明学在这一时期何等兴盛，也佐证了阳明学能够给人以朝气，拥有催人奋进的力量。

"五十五名明治创立者"悉数为阳明学的信奉者

有一句话最好地说明了这一时期阳明学的兴盛。明治三年（1870）作为雇员来到日本的美国人威利厄姆·格里菲斯（1843—1928）说：

"之所以有如此众多的杰出人士追随明治天皇，那是因为明治天皇本人便很优秀。在设立全新政府的当时，他的周围有如此众多的能人，的确令人吃惊。他们不是寻常人，随着岁月流逝，也许你会这样看，但其实并非如此。他们皆是王阳明哲学的信徒，并且加持了外国人教师魏卑克博士的精神食粮。因为王阳明哲学太过先进，在中国没能扎下根来，但在日本，'五十五名明治创立者'悉数皆是其信奉者。"

根据格里菲斯所说，在明治新政府设立之时，活跃着一群"王阳明哲学的信徒"。格里菲斯列举了诸多阳明学的信奉者，其中有横井小楠、桥本左内、松平春岳、藤田东湖、吉田松阴、西乡隆盛、大久保利通、胜海舟、伊藤博文等。

格里菲斯"身为外国人，曾六次谒见明治天皇"，与众多明治政府高官过从甚密，他的话是具有说服力的。

格里菲斯说："阳明学创造了思想的新世界。"

在福井藩（现在的福井县的除去敦贺市以西的东北部）废藩置县之后，格里菲斯在大学南校（现在的东京大学）教授物理和化学。1910年，他想将名为《王阳明哲学：而或日本的实用主义》的论文投至报纸《北美评论》，先将论文要旨邮寄了过去。然而未被采用，其论文要旨也被编辑退回。这是一段花絮，我们并不清楚其后那篇论文是否写成。

在其论文要旨中有如下一段话：

"阳明学创造了思想的新世界。……它创造了一批英雄，他们是反抗者、异端人士以及具有近代精神的弄潮儿，他们也是一八六八年革命的创造者。在精神领域，阳明学至今仍然占据着主流地位。"

格里菲斯与胜海舟、乃木希典、涩泽荣一等人交往甚密，他的藏书中还有中江藤树的著作，由此可见他对阳明学的推崇。格里菲斯还是位知名的日本学学者，著有《天皇 日本内在之力》（岩波书店）、《明治日本体验记》（平凡社）等著作。

这个时期最有名的阳明学者，列举如下。

○ 因"大盐平八郎之乱"而一举成名的大盐平八郎
○ 明治维新领袖、陆军大将西乡隆盛

- 明治维新政治家大久保利通
- 西乡隆盛及大久保利通的老师伊东猛右卫门祐之
- 因受西乡隆盛敬慕而为人所知的福井藩士桥本左内
- 因主张"阳朱阴王"而为人所知的昌平黉儒官（总长）佐藤一斋
- 三菱财阀的创业者岩崎弥太郎
- 土佐阳明学派的开山鼻祖冈本宁浦。其弟子有奥宫慥斋、岩崎弥太郎、中江兆民、河田小龙等
- 继承冈本宁浦衣钵，将土佐阳明学发扬光大的奥宫慥斋。其弟子有中江兆民、岩崎弥太郎等
- 奥宫慥斋的弟子土佐藩士奥宫晓峰
- 汉诗人云井龙雄
- 在松下村塾中培养了众多志士的长州藩士吉田松阴及其弟子长州藩士高杉晋作
- 汉诗人梁山星岩
- 第四次阳明学热潮的重要人物之一东敬治之父、岩国藩士东泽泻
- 坂本龙马之师，熊本藩士横井小楠
- 幕府老中，辅佐板仓胜静的备中松山藩士山田方谷
- 山田方谷的门人，长冈藩士河内继之助
- 佐贺藩主锅岛闲叟直正之师、肥前佐贺藩士永山贞武

- ○ 浮世绘画师葛饰北斋的弟子、资助人、农业富商高井鸿山
- ○ 幕府末期的尊王攘夷派志士春日潜庵

◆ 第四次阳明学热潮：从明治后期到昭和初期

明治大正期的阳明学运动，吉本襄、东敬治、石崎东国三人是推动者

第四次阳明学热潮，其规模与势头远超于过去三度的阳明学热潮，这是一场由东敬治主编的杂志《阳明学》及其所代表的机构发动的有组织的全国规模的启蒙活动。

东洋大学名誉教授吉田公平有如下论述：

"明治时代具有划时代意义的事件是，明治二十二年（1889）年颁布《大日本帝国宪法》，明治二十三年（1890年）颁布《教育敕语》，由此奠定了明治政府的基础。在此之前，各种运动，比如自由民权运动、欧化主义运动等等，风起云涌，日本还处于建国的摸索期。此后，日清战争（甲午战争，1894—1895年）、日俄战争（1904—1905年）扭转了学术思想界的风气，出现了反省欧化主义、重新评价传统文化的思潮。主张西学的人们也随潮流而动。

"明治大正时期阳明学运动的勃兴是在日清战争之

后。日清战争之后创办《阳明学》杂志的吉本襄，日俄战争之后创办《王学杂志》及《阳明学》的东敬治，创办《阳明》及《阳明主义》的石崎东国，这三人是此次阳明学运动的推进者。"(《日本近代——明治大正时期的阳明学运动》)

这场始于明治后半期的阳明学热潮在全日本铺开，其规模堪称日本有史以来前所未有。这也是对明治前半期盲目接受以自然科学为主的欧美文化的一种反动。

也就是说，虽然那时的知识分子在自然科学领域深切认识到欧美的先进性，但也认识到西方以基督教为先锋，裹挟着种族歧视的殖民地主义，奉行的是弱肉强食的霸道主义，因此在江户时期，神道教、儒教、佛教的"三教一致"培育而来的日本精神、日本主义思想开始觉醒，开始主张"和魂洋才"。

我们可以从大正、昭和时期的外交官、政治家松冈洋右（1880—1946）如下一段话中看出端倪：

"欧美文明今日之穷途末路一切皆归咎于霸道。（中略）若如此我们该作何为呢？我以为，回归日本人本来的姿态，清空曾被西洋迷失的头脑，一言以蔽之，亦即坚守祖先传来之神道而重建日本，舍此别无他法。"（松冈洋右《退党之后告日本国民书》）

松冈所言的"神道"，换言之就是"神灵"，也就是王阳明所言的"良知"。

"和魂洋才"最早源自福井藩士的阳明学者桥本左内和佐久间象山。桥本左内提倡"器机艺术取之彼人，仁义忠孝存于我心"，而佐久间象山则主张"东洋道德，西洋艺术"。

陆军军医出身的作家森鸥外年轻时也曾是西方的崇拜者，三十多岁被降职外放至九州小仓时接触到阳明学，感悟颇多，开始修行。在其晚年，一些不曾入其法眼的人物，比如《阿部一族》《大盐平八郎》《涩江抽斋》等成为其历史小说的主人公，这也可以说是"和魂洋才"的觉醒吧！这就是二十几岁时留学德国四年，高度评价歌德等人的作家森鸥外。由此也可看到，他们不是单纯的彻底否定西洋文化而回归日本。

将阳明学带回中国的留学生们

这一时期在日本留学的有宋教仁、蒋介石、康有为、梁启超、张君劢、朱谦之等一大批中国留学生，他们在日本接触到在母国已经被人遗忘的阳明学，遂又将阳明学带回中国。这是一件特别值得书写的大事。此外，章太炎、刘师培、汪兆铭等也曾居住于日本，对于阳明学的兴趣也极为高涨。不过，汪兆铭自小便师从其父学习阳明学，是在对阳明学的耳濡目染中长大的。

提及这第四次阳明学热潮的代表性人物，我在前文已经提到过，首推岩国藩士、阳明学者东泽泻之子东敬冶。

名著《论语与算盘》的作者、广为人知的涩泽荣一（1840—1931），少时便接触过阳明学，经商后一边担任东敬冶所主办的《阳明学会》的赞助人，一边组织举办《王阳明全集》的阅读会，他是为阳明学热潮推波助澜的关键性人物之一。关于这一点，我会在拙著《涩泽荣一与阳明学》中详加叙述。

其他几位主要的阳明学者，名单如下：

○ 与其父、兄皆信奉阳明学的海军军人广濑武夫
○ 在日俄战争中歼灭波罗的海舰队的海军军人东乡平八郎
○ 在五一五事件中死于枪弹下的政治家犬养毅
○ 艺术家北大路鲁山人的老师、资助人细野燕台
○ 作为历代首相的领路人而为人所知的安冈正笃

◆ 深受王龙溪思想影响的日本阳明学

王阳明："人胸中各有个圣人。"

前文粗略地梳理了一下日本阳明学的历史。关于阳明

学，本书将做详尽论述，而关于日本阳明学及其思想，我将在拙著《中江藤树评传》中再做详细介绍。接下来，我将就日本阳明学的思想略作论述，并以此结束本文。

前文已经提过，中江藤树将阳明学嫁接到神道之上催生了日本式的阳明学，也就是"日本阳明学"。藤树的高徒渊冈山倾心尽力于向一般庶民中的知识分子推广阳明学，这与中江藤树的门派重视王阳明的高徒王龙溪的思想不无关系。

神道三种神器之一的"八尺镜"是天照大神及众多神社的神体，据说它的意义在于让参拜者意识到"镜中的你就是神"。也就是说，让参拜者意识到"神存在于我们心中"，这既是天照大神的恩惠，也是日本神道的精髓。

王阳明把心的本体"良知"称为"圣人"。他说："人胸中各有个圣人，只自信不及，都自埋倒了。"（《传习录》下卷）

王阳明的高徒王龙溪认为，掌握生死的是良知，良知即是"神"，良知即是"易"。他说："先师良知之学乃三教之灵枢，于此悟入，不以一毫知识参乎其间，彼将帖然归化，所谓经正而邪慝自无。"（王畿《龙溪先生会语》卷三）

在老师王阳明过世之后，王龙溪注意到能与儒教的"明德"、神道的"神的分灵"、佛教的"佛性、真面目"

相匹敌的是人们内心里的神——良知，他不断倡导人们要通过积小善以减私欲，回归处于"真我"的良知的重要性。

在本书《青年们，读王阳明吧!》《志士的流仪》《涩泽荣一与阳明学》等书中，我还介绍了歌德（1749—1832）、鲁道夫·施泰纳（1861—1925）等人的思想及其言论，以期有助于读者加深对王阳明思想的理解。

○ 鲁道夫·施泰纳："高层次的自我"（《人智学》《高层次世界的认知》）《高层次的人》《内在本性》《非日常的我》

○ 歌德："所有的人都有与生俱来的、上帝创造的道德。"（爱克尔曼《歌德对话录》下）

○ 世界级数学家冈洁：《真正的自己》(《紫色的火花》《春日日光》)

○ 宗教学家五井昌久：《内在的神性》《直灵（人的本体）》《本心》

○ 松下电器的创始人松下幸之助：《素直之心》《本性》《人的本质》

补遗 二 改变日本的阳明学

1. 琉球的熊泽蕃山、名宰相蔡温

阳明学传入日本,从结论来说,可以认为日本最早的萨摩阳明学派"起源于琉球"。

王阳明逝世后的中国明朝俨然是阳明学的全盛时代。

明朝时,中国禁止国民前往海外,下达了"一块木板都不可入海"的禁海令,实施锁国的国策。

在这样的时代背景下,琉球王国是少数被正式允许与明朝进行贸易的国家之一。十五世纪后,琉球同时臣服于大明王朝和日本。通过这个号称"小明国"的琉球引进明的文化与文物,对于萨摩来说,琉球是一个极具魅力的国家。当然,阳明学被称为"明学",即意为代表着明王朝的学问,是不可能没有传入琉球的。到了十七世纪初,萨摩藩与琉球合并。

明治维新时期的政治家大久保利通，其父次右卫门曾作为萨摩藩师就任于琉球馆，从去过儒教发源地明国留学的琉球儒者那里学习阳明学易如反掌，琉球的儒者也一定被招聘去了萨摩藩。

二战中，冲绳遭到美军的舰炮轰炸，失去无数生命的同时，宝贵的文化遗产也灰飞烟灭。因此，十六至十八世纪的琉球引进阳明学到了何种程度已经无法确认，但唯一幸运的是我们还可以在琉球找到阳明学学者蔡温的遗迹。

以下内容参照了曾任冲绳大学校长兼理事长的真荣田义见所著《蔡温·传记与思想》。

蔡温（1682—1761）于江户中期任琉球王府的三司官（大臣），辅佐尚敬王（1700—1749），以开创冲绳黄金时代的名宰相而为人所知。

他出生于那霸久米村，是父亲蔡铎（琉球王国的修史家）和母亲叶氏的次子。蔡温是他的唐名（中国名），其琉球名为具志头亲方文若。

蔡氏是中国传入琉球定居久米村的闽人三十六姓之一。王府的要职被首里的士族和国王的亲信所占据，来自久米村的人当上三司官在当时是特例，这也证明了蔡温的优秀。

蔡温成为尚敬王的国师（国师一职仅这个时期存在），又于享保十三年（1728）四十七岁时被任命为三司官直到七十一岁。

在任期间,他发挥实学治理山水,改进了林政和农政。他创造了自己的林学体系,发布农业指导书,又制定了取缔村吏营私舞弊的制度,承认分配耕地的永久耕作权。

为了防止羽地大川等河流的泛滥,他还致力于改修河流,此后羽地大川便再无泛滥。

蔡温还断然免除工匠税金,提高了工匠们的生产积极性,带来了工商业的繁荣,为王府的财政建设和失业士族的救济打开了一条生路。

文化方面,他也在史书的制定、琉球舞踊的创作、陶瓷器制法的改良等方面成就颇多,甚至被称为冲绳的文艺复兴。为此,他与向象贤(羽地朝秀)并称冲绳近世政治家之两大英杰。

值得注目的是蔡温与阳明学的邂逅。

宝永五年(1708),也就是蔡温二十七岁时,他被任命进贡存留通事一职,作为派驻福州琉球馆的工作人员赴中国留学,也就在这时,他遇见了对他的生涯产生决定性影响的人物。

在福州驻留三年的最后五个月里,蔡温师从于旅居凌云寺的隐士,学习经世济民之学,这位只自称"湖广人"却不透露姓名的隐者其实是位阳明学者。

蔡温的人生观由此发生了巨大变化。

真荣田义见说：

"蔡温以儒教简单的教义为本，实现个人的人格完善，继而产生拯救万民的政治意识，这一切都始于与这位隐者的相遇。"（《蔡温·传记与思想》）"蔡温与这位隐者的相遇让琉球政治确立了方向，这对于琉球国来说也是命中注定的事件。"（《蔡温·传记与思想》）

以献给尚敬王的《实学真秘》（本书被视为包含了向隐者学来的蔡温实学的精髓）为代表，蔡温一生著述颇丰，可如今只遗留下一部，其他的大多不知去向。

蔡温的《蓑翁片言》一书中有这样的话。

"勤乃万吉之本，怠乃万凶之源。"

"心即理，一理万应，故称灵应（神佛的奇妙感应）。然则所谓灵应，唯在心，岂在外。往往世人求之于外，何益之有？"

这不禁让人联想到王阳明所说的"心即理"和"一了百当（了解了一件事，即通晓了一百件事）"。

浏览一下《蓑翁片言》，我们就会知道隐者和蔡温都是三教合一的"阳明学左派"学者。

在阳明学中，有偏向朱子学的右派和将禅佛也纳入视野的左派，这一点其实是不怎么为人所知的。至今为止，这只在以九州大学名誉教授荒木见悟的著述为代表的专业书籍中有所提及，一般书籍中鲜有出现，不为人所知也是没办法的事。

但是，要想更详细地了解蔡温的思想和改变日本的阳明学，就必须了解阳明学左派。

右派与左派所代表的分派抗争不仅限于阳明学。石田梅岩心学也不只有一个流派，而是能够大致分为与禅融合的"江户心学"和与朱子学融合的"京都心学"两个流派。

活跃于京都的石田梅岩喜爱朱子学式的表达，而活跃于大阪的石田梅岩的门生手岛堵菴却更喜好阳明学，常使用阳明学式的表达方式。

不论是在神道、佛教还是基督教中，分派与分裂都随处可见，无须在意。但就阳明学而言，则越是了解阳明学，就越是无法模糊右派与左派的区别。

因此在接下来的一节中，我将对阳明学左派做一个详细的讲解。

2. 阳明学左派

王阳明首次将儒禅并用

阳明学左派的思想倾向于"三教合一"，更偏向禅学。关于这一点，我想再加以少许说明。

首先需要说明的是，日本的三教即儒教、佛教与神道教，它们在历史上互相影响直到今日，甚至无法将这三教严格区分开来。而中国的三教即儒教、道教与佛教也同样长时间相互影响，密不可分。

乍一看道教与儒教好像毫不相关，但其实道教和儒教可以说系出同源。在《庄子》中，不仅有庄子和老子的故事，还有孔子及其弟子的内容出现。因此，王阳明学习道教，而道士也会学习儒教。虽然儒者和道士在服装上也有区别，但那也不过是孰主孰从的区别而已。

然而，从儒、释、道三教的关系而言，佛教作为从印度传来的外国宗教，被儒者和道士敌视是普遍现象。朱子学的集大成者朱熹在年轻时曾学习禅宗，但最后还是开始了对佛教的批判。

但与此相反，王阳明在晚年时会通过禅语与禅机来教育弟子，这在朱子学者看来，这种将儒禅并用，或者说倾向禅学的行为是异端。

但早在宋代，文学家、诗人和政治家苏轼是少有的将儒教、道教（老庄）和禅宗这三教并用的人物。

继王阳明之后，以林兆恩为代表的三教合一论者逐渐增多。从王阳明所说的"大抵二氏之学，其妙与圣人只有毫厘之间"（《传习录》上卷）也可以看出，阳明学左派即三教合一论者是必然会出现的。

接下来将视线转移到日本，来看右派与左派的关系。

心学与批判阳明学左派的佐藤一斋

日本阳明学的始祖中江藤树和其弟子渊冈山是左派。然而到了幕府末期,除了左派的大盐平八郎、东泽泻、冈本宁甫和奥宫慥斋之外,以春日潜庵和佐藤一斋为代表的大多数阳明学学者都是右派。

山田方谷喜欢读以"不二论"为人所知的大乘佛教经典《维摩经》和王龙溪的作品,因此可以判断他为左派。

例如,佐藤一斋在《言志四录》的第三卷的《言志晚录》(六十七岁到七十八岁之间书写)中这样记述。

> 明朝末期,林兆思(笔者注:应为林兆恩)提倡将儒教、道教、佛教三教合为一体。我认为,他就学于阳明学派的王心斋和王龙溪,却误解了阳明学的本质。这与石田心学诱导善男善女颇为类似,是不值一议的。(讲谈社学术文库)

继此之后:

> 王龙溪是王阳明最晚年的弟子,受教日浅,(没能充分领悟王阳明先生的真意),其学说过于高远玄妙,直至招来诽谤称其表面称儒,而背里是

佛。……（中略）……王阳明先生的弟子还有邹东廓、欧阳南野和聂双江等人，他们都是学识过人的优秀学者，不能与王龙溪之辈混为一谈。（讲谈社学术文库）

佐藤一斋还说：

> 我赞同邹东廓、欧阳南野等阳明学右派，但不赞同与石田梅岩的"心学"相同的王心斋、王龙溪等倾向于禅宗的阳明学左派。

对于心学，佐藤一斋还有这样的评论：

> 世间有一种号称心学的学问，对于女子和小人也并非无益。但那不过是乡土之间的一类假学者所为，能人贤士要是学了他们，便会陷入凡俗，失去正气。所以这不是武士应该学的。万一藩主殿下将其误用，便会消灭士气，徒增怯懦之心。（讲谈社学术文库）

佐藤一斋所言振聋发聩，但不可忘记的是，日本阳明学的始祖中江藤树就是因王龙溪的启发而大彻大悟，而在中国，王阳明去世后，正是在王心斋和王龙溪等阳明学左派学者的推动下，阳明学才迎来全盛期。

幕府末期以后，日本右派兴起直到今日，借用《维摩经》喜欢的表达来说就是"二者归一"，即使用阳明学的说法，右派和左派看似有二，其实为一。因此如果仅仅理解右派还不能说是真正理解了阳明学。

当然，如果通过朱子学和右派式的理解就能得到满足也是好的，但无论如何，只有对于右派和左派都有清楚的理解才能把握阳明学的整体。

此外，我在此要说明的是，接下来的内容取自《阳明学的基础考察》中的"阳明学左派入门"，在本书中略有修改。《阳明学的基础考察》分四期连载于2003年的《伦理》杂志上。

阳明学的宗旨"四句教"

王阳明逝世后，他的弟子分裂为两派，而这在王阳明在世时就显露了迹象。

关于这一点已经在本书第95页中有所提及，但在此再次进行介绍。

那是王阳明（五十六岁）以征讨为名、将赴死亡之路的前一天，钱德洪（绪山）和王龙溪（幾）两大高徒就王阳明的"四句教"进行了讨论。

两人对于"四句教"的解释产生了分歧，于是他们在当晚拜访了王阳明，请老师来做出判断。

王阳明在天泉桥边与两人对话，因此当时的问答也被称为"天泉证道"。

"四句教"也被称为"四句诀""四句宗旨""四言教"，是由如下四句话构成的阳明学宗旨。

无善无恶心之体

有善有恶意之动

知善知恶是良知

为善去恶是格物

翻译成现代文即：

"心之本体超越了善恶。善与恶之所以出现，是因为人的意念发生了变化。区分善恶的能力即是良知。行善去恶、存天理去人欲（私欲）的行为即是格物。"

"无善无恶"指的是超越了相对善恶的至善（最高善）。换言之，至善即良知、诚、天理、中庸、真吾，也就是佛教中所说的佛性、佛心。

王龙溪的主张如下：

> 若说心体既是无善无恶，意亦是无善无恶的意，知亦是无善无恶的知，物亦是无善无恶的物矣。若说意有善恶，毕竟心体还有善恶在。

钱德洪是这样说的：

> 心体若是天命之性，原是无善无恶的。但人有习心，意念上见有善恶在。格、致、诚、正、修，此正是复那性体功夫。若原无善恶，功夫亦不消说矣。

王龙溪主张"四无说"，钱德洪主张"四有说"（严格地说是一无三有说）。将钱德洪的主张称为"四有说"的是王龙溪。

这时王阳明的回答，概括如下：

> 二君之见，正好相资为用，不可各执一边。
> 汝中之见，是我这里接利根人的；德洪之见，是我这里为其次立法的。二君相取为用，则中人上下皆可引入于道。
> 利根之人，一悟本体，即是功夫。人己内外，一齐俱透了。其次不免有习心在，本体受蔽，故且

教在意念上实落为善去恶，功夫熟后，渣滓去得尽时，本体亦明尽了。

只依我这话头随人指点，自没病痛，此原是彻上彻下功夫。利根之人，世亦难遇。本体功夫一悟尽透，此颜子、明道所不敢承当，岂可轻易望人？

（《传习录》下卷）

王阳明说，普通人身上有着后天形成的癖好（习惯）和价值观，所以很难一下子完全领悟。

作为"第三条道路"的阳明学

必须提及的一点是，以上内容是以钱德洪的记录为基础的。

王龙溪的记录也同样遗留了下来，以下内容来源于《王龙溪全集》中的《天泉证道记》。

王龙溪记述道："若悟得心是无善无恶之心，意即是无善无恶之意，知即是无善无恶之知，物即是无善无恶之物。"

王阳明对此是这样回答的：

汝中所见，我久欲发，恐人信不及，徒增躐等之病，故含蓄到今。此是传心秘藏，颜子明道所不敢言者，今既已说破，亦是天机该发泄时，岂容复秘？……（中略）但吾人凡心未了，虽已得悟，仍当随时用渐修工夫。不如此不足以超凡入圣。(《天泉证道记》)

王阳明虽然支持王龙溪的见解，但从结论而言，王阳明采取的立场是朱子学与禅学的并用即渐悟（循序渐进地参悟）与顿悟（不经历各个阶段，一举开悟）的并用。

王阳明的立场虽然看上去像是朱子学与禅学的折中，但其实堪与鲁道夫·施泰纳于二十世纪初提倡的"第三条道路（区别于资本主义与社会主义，创建基于生态与人文主义的未来社会）"相匹敌。

对于佛教，王阳明说：

> 佛氏着在无善无恶上，便一切都不管，不可以治天下。(《传习录》上)

而对于朱子学是这样说的：

> 心之本体原无一物，一向着意去好善恶恶，便又多了这分意思，便不是廓然大公。(《传习录》上)

克服了佛教与朱子学的崭新道路便是阳明学。

王阳明四十七岁时还发表了类似见解。

> 世儒之支离，外索于刑名器数之末，以求明其所谓物理者，而不知吾心即物理，初无假于外也。
>
> 佛老之空虚，遗弃其人伦事物之常，以求明其所谓吾心者，而不知物理即吾心，不可得而遗也。
>
> （《王阳明全集》卷七 象山文集序）

王阳明说，佛禅因执着于空与无的思想（无善无恶说）而容易失去社会性，沦为主观独善的虚张声势。而朱子学却着重强调贯穿物我的道理，因过分注目于社会而疏于心的陶冶，再加上受四书和社会规范所束缚，容易沦为伪善。

"我心即万物之理"，这便是阳明学的关键词之一"心即理"。

一般来说，我们是用心而不是用肉眼来看事物，极少有人能够看到事物的原本面貌，多数人都只能以自己为中心看事物，主观地听声音。

这是私欲所致，如果不戒掉透过私欲的有色眼镜看待事物的习惯，不努力消除私欲，就无法看到事物的原貌，也无法客观公平地看待事物。

也就是说，私欲越强的人，就越是只能看到自己感兴趣的东西。此意义下，只要主观地看自己内心想看的东西，那么对他而言，他的内心即是物和理，他的内心也就是世界。

北里大学的养老孟司教授曾这样说：

> 我对象鼻虫非常感兴趣，只要路边出现象鼻虫，我一定会驻足捡起来看。但是对象鼻虫不感兴趣的人则不会停留，象鼻虫对这些人的行动（输出）不会产生影响，因此对于他们来说，象鼻虫并不是"现实"。
>
> 如果有一枚一百日元硬币掉在地上，一般人都会弯腰去捡吧。对于这些人来说，一百日元就是现实。但我对这一百日元没有兴趣，所以它对我而言可能并不是现实。因此可以确定的是，第一，只有对人的行为产生影响的事物才能被认定为这个人的现实，其行动（输出）源自大脑的自我确定。第二点则是现实因人而异，有多少个大脑就有多少种现实。
>
> 走路时碰见电线杆，所有人见到都会绕开走，这是不是说电线杆这一物体就是现实呢？有人可能会这样反驳我。的确，物体对任何人来说都是客观

现实。

可是，对人的行动造成影响的不仅仅是物体，还有观念。对于相信"观念"的人来说，观念就是现实。(《白衣与多摩酱与〈傻瓜的围墙〉》《文艺春秋》二〇〇三年七月号)

如果将前文中的"大脑"换成"私欲"，读者就更能清楚地了解到我想表达的内容了。

如果我以自己的方式给王阳明的主张做一个总结的话，那就是"以憎恶喜善之心为基础，先是行善去恶，继而追求无善无恶"。

这听上去似乎很难，但其实只要养成"行善去恶"的习惯就可以了，一旦形成习惯，就自然而然地能到达参悟无善无恶的境界。这也是王阳明平素强调"重于立志"的原因。只要有了持之以恒的决心，这就是走向成功的开始。

王龙溪在天泉证道后，又对佛教的"有心俱是实，无心俱是幻。无心俱是实，有心俱是幻"陈述了自己的见解，并向王阳明求教。王阳明微笑着肯定了王龙溪之说，回答道"这是究极之说，你已经领悟了"。

"实"与"幻"二词来源于《涅槃经》。

而王阳明的"无善无恶"一词来源于《六祖坛经》中

的"不思善，不思恶"和"无善无恶"。

"本来无一物"也是《六祖坛经》中有名的一句，意为不沾染善与恶，保持自由无碍的本心。

此外，《传习录》中也常常出现源自《楞严经》《无门关》《临济录》的词语和观点，但最值得关注的还是《六祖坛经》。

主张"三教兼修·合一"的王龙溪

在提及《六祖坛经》之前，我想对王龙溪再做一次介绍。

王龙溪（1498—1583），名畿，字汝中，出生于王阳明的故乡绍兴（浙江省）。

王阳明对王龙溪性格的评价为"资性明朗（天生不说谎不欺骗）"。

王龙溪二十岁时通过了乡试，同年成为王阳明的弟子，二十六岁时会试落第，坚信"学贵自得"（王阳明五十六岁的话），决心终生追随王阳明。

此后，王龙溪在王阳明的指导下开悟，于嘉靖五年经王阳明的介绍参加了会试，并以优异的成绩合格，却因当时的高官不喜阳明学，王龙溪与钱德洪一起未能参加殿试便打道回府，王阳明笑着迎接了他们。

此后，王阳明的门下弟子数量迅速增多，王龙溪也和钱德洪一起致力于指导后辈。

三十岁那年的秋天，王龙溪与钱德洪两人从王阳明处学习了"无善无恶"说。

王阳明去世后，王龙溪于嘉靖十一年考中进士，三十五岁时任南京职方主事，又升职为南京兵部武选郎中，然而当时的宰相将王龙溪之学认定为伪学，这让王龙溪在四十岁出头时不得不辞官，此后再未就任官府之职。后来直至八十岁的四十年间，王龙溪与王心斋共为阳明学左派代表，致力于讲学，进一步推动了阳明学的繁荣。

十分喜爱《易经》的王龙溪曾说"（老庄之学）根本为我儒之宗派"（《三山丽泽录》)，主张"三教归儒"，即儒教、佛教、道教（老庄）这三教本为一体。

如果要让我从王龙溪说过的话中选出一句印象最深的，那便是以下这一句：

> 莫厌辛苦，此学脉也。

这句话让人想起《临济录》中的"汝若爱圣憎凡，生死海里浮沉"。

阳明学左派的周海门与《六祖坛经》

景仰王龙溪的阳明学者中，有一位主张"儒佛一致"

的学者周海门。他坚信"学佛而知儒"。

周海门（1547—1629），名汝登，字维元，海门为号。出生于浙江省（与王阳明、王龙溪相同）绍兴南部。

万历五年（1577年），周海门于三十一岁时考取进士，被聘用为南京工部主事，之后升为南京尚宝司卿。

周海门的堂兄周梦秀是王龙溪的门下弟子，受其影响，周海门也景仰王龙溪，拜王心斋的弟子罗汝芳（近溪）为师。

周海门还长年与禅门之雄——憨山德清、紫柏达观、湛然圆澄（曹洞宗的高僧）交流，学习禅学，深化了参悟境界，被称为"今龙溪"。

周海门实现了一直以来的梦想，见到了紫柏达观，受邀与同座的数名儒士一起就《楞严经》中的四句开展讲义，紫柏达观对讲义十分满意。

此外，自从禅宗六祖慧能建立宝林寺，举行布道活动以来，曹溪（岭南）就成为禅门兴隆的圣地。如今曹溪的遗迹荒废，周海门便委托憨山德清开展复建事宜。

其实，禅宗六祖慧能的布道文集《六祖坛经》正是周海门爱读之书，也是周海门弟子们的必读书。后文中将其简称为《坛经》。

周海门之所以喜爱《坛经》，还因为它是王阳明的爱读之书。

周海门这样赞美《坛经》：

> 《坛经》乃论孟学庸也。
>
> 未读《坛经》，焉知妙理。

此外，同为阳明学左派的罗汝芳（近溪）的弟子杨起元（复所）也十分喜爱《坛经》，因致力于推广佛法而为人所知。

新大乘佛教运动圣典《六祖坛经》

《六祖坛经》，准确说来应是《六祖大师法宝坛经》，换言之即"六祖的戒坛院布道集"，通常被称为《坛经》，是成立于唐朝中期七百八十年左右的禅宗的代表经典。

《坛经》的"坛"指的是戒坛，即入佛门的仪式"授戒"举办的特定场所。

《坛经》中记述了六祖慧能（638—713，亦可作"惠能"）的生平与思想，但并非慧能本人所著。

慧能晚年受韶州（广东省）刺史所邀，于韶州大梵寺的戒坛面向其弟子开展授戒说法，而《坛经》通常被认为是慧能的弟子法海所记。但实际上，《坛经》在慧能去世约七十年后才撰成，是其弟子神会等人以法海的记录为基础，再将其他的说法、偈颂与言行加以记录编写而成。

此后《坛经》便在其弟子之间传诵下来。

慧能向聚集于大梵寺的听众们传授戒律，并呼吁发起新禅运动。

禅宗的始祖为印度的达摩（菩提达摩）。达摩传到中国的禅与儒教、道教（老庄思想）相融合，六祖慧能将其在中国确立并发扬光大。

慧能是中国禅宗第五祖弘忍的弟子，因其主要在江南地区活动，也被称为"南宗禅（祖师禅）之祖"。临济宗、曹洞宗、法眼宗等五个宗派就诞生于南宗禅。

与南宗禅相对立的便是同为第五祖弘忍的弟子、慧能的师兄神秀在中国北部宣扬的"北宗禅（如来禅）"。一般来说，南宗禅强调顿悟，北宗禅强调渐悟。

《坛经》便是南宗禅这一新大乘佛教运动的圣典。

虽为禅宗的语录之一，却以佛陀的说法称之为"经"，似有僭越之嫌，除此别无他例。

慧能的"定慧等学"与王阳明的"知行合一"

接下来，我想就"戒、定（禅定）、慧（智慧）"略陈浅见。

在慧能以前，禅是以禅定为主的先定主义（因为智慧从禅中获得，所以禅被放在首位），而且是循序渐进的渐修主义，强调"定慧二分论"。这也就是"由戒律得以实现禅定，再通过禅定获得智慧"的思想，前述的神秀（北宗禅）就是渐修主义。而且，"先禅后慧"的思想是印度佛教的根本。将世俗视作欲界，提倡脱离欲界而出家的小乘佛教重视修行（苦行），从这一点上也能看出这样的思想。

而慧能却提出了新的教义，提倡"定慧等学（定与慧是一体的）""戒律、禅定、智慧三学为一"。

《六祖坛经》中的《敦煌本》里有这样的话。

> 菩提般若之智，世人本自有之，即缘心迷，不能自悟，须求大善知识，示道见性。
>
> 我此法门，以定慧为本。第一勿迷言慧定别。慧定体不一不二，即定是慧体，即慧是定用。
>
> 即慧之时定在慧，即定之时慧在定。善知识，此义即是慧等。学道之人作意，莫言先定发慧，先慧发定，定慧各别。作此见者，法有二相。口说善，心不善，慧定不等。心口俱善，内外一种，定慧即等。
>
> 自悟修行，不在口诤。若诤先后，即是迷人。

若将上文中的"慧"换成"知"，"定"换为"行"，就与阳明学的"知行合一"说毫无二致。这样想的人应该不只是我和周海门两个人吧。

慧能的"行住坐卧皆是禅"和王阳明的"事上磨炼"

阳明学的经典名著《传习录》上卷中有这样的内容。

> 未有知而不行者。知而不行，只是未知。
> 知行合一
> 知是行的主意，行是知的功夫。知是行之始，行是知之成。

如果能够真正理解这句话，即使这个人只有知，行也会自然地包含在其中。即使这个人只有行，知也会自然地包含在其中。

世间有这样一种人，他们根据自己的好恶行动，全然不知熟虑反省，这即是盲目的行动。对于这种人，如果不着重强调知，他们的行也不会变得正确。

但还有另一类人跟这种人恰恰相反，他们一味追求知识，无限地沉浸于抽象的思考中，却没有丝毫的实际行动，这就是王阳明所指的"冥行妄作"。对于这种人，如果不着重强调行，他们的知也是无用的。

也就是说，将知与行分开，这也是前人不得已而为之的教育法，是矫枉纠偏的便宜之策。

如果能够理解这一点，那只要去说知与行中的一样就足够了。

如今的人将知与行一分为二，并说："首先要去知道和了解，而后才能将其反映到行动上。我们先来研究讨论，开始知的修行，真正理解了之后再开始行的修行吧。"

以这样的思维方式，终其一生也无法做出行，也无法获得知。

也就是说，"先禅后慧"的想法与朱子学的"先知而后行"是相同的，而六祖慧能所主张的是"定慧合一"，也就是王阳明所说的"知行合一"。

主张认知（认识、想法）在先，行动（实践）在后的朱子学的问题就在于将知与行分开讨论了。

王阳明主张的是"知行合一""知行并进"。

《涅槃经》中有以下一文可供参考：

定多慧少，不离无明；定少慧多，增上邪见；定慧等用，即名解脱。

用当今的话来说，经验主义、体验主义，还有与之相反的主知主义都是错误的。在两极之间的知行合一、定慧合一、中庸才是正解。

《涅槃经》中"定慧一体，不是二"的教诲与慧能、王阳明之教诲并无二致。

慧能说,"道由心悟,岂在坐也",并主张"行、住、坐、卧皆是禅",比起坐禅,更应该在日常生活中发挥禅的教诲并开悟。

这又与王阳明所说过的"事上磨炼"有着相似之处。

王阳明说,学问、事业(工作)、日常生活原为一体,应该在工作和日常生活中磨炼自己。

此外,在《六祖坛经》中有很多教诲能让人联想到阳明学,如:

> 佛向性中作,莫向身外求。
> 烦恼即菩提。
> 人性本净,由妄念故,盖覆真如,但无妄想,性自清净。

周海门与其师王阳明相同,为当时低迷的禅佛教界注入了新的空气。

明末清初的阳明学者黄宗羲说过:"东越禅宗之兴始于周海门先生。湛然圆澄(1561—1629)、密云圆悟(1566—1624)二人皆受其触发而起。"

湛然圆澄被称为曹洞宗的复兴者,而密云圆悟被称为临济宗的法孙。

涩泽荣一的"道德经济合一说"与阳明学

在补遗的最后,我想对日本近代化之父涩泽荣一与阳明学的关系略作介绍。

涩泽荣一(1840—1931)是彻头彻尾的论语主义者,与前文中的阳明学左派并无直接关联。然而,涩泽荣一的宿敌岩崎弥太郎(三菱财阀的创业者)在青年时代师从阳明学左派的冈本宁甫和奥宫慥斋。纵观涩泽荣一的人生,我们也能发现在他的思想形成过程中,众多阳明学相关的人物对他留下了影响。

下面的几句证言充分表现了涩泽荣一阳明学式的思考。

第一生命保险相互会社社长樱井孝颍这样评价涩泽荣一:

"上大学的时候,经济史的老师说,'涩泽荣一了不起的地方在于将士族带入了经济社会'。

在封建制度下,商人的身份是卑贱的,所以即使到了明治维新之后,士族也不愿涉足经济行业。然而在当时,如果不让最大的知识阶层即士族参与进去,资本主义就无法得以实现。于是涩泽荣一高举经济道德合一主义,也就是'论语和算盘'的旗号,成功聚集了优秀的士族。"(《伟大的明治"X工程"》《文艺春秋》二〇〇三年七月号)

涩泽荣一出生于农商(制造与贩卖阿波蓝染料)之

家，好学善剑。年轻时从事商业贸易，对于日后成为财政大家的涩泽荣一来说是段非常重要的经历。

涩泽荣一的表兄尾高惇忠师从于四处漂泊的儒学者（折中学者）菊池菊城，涩泽荣一于十四、十五岁时便在尾高惇忠的私塾学习阳明学，听过三四次菊池菊城的《论语》讲义，对他的这句话印象十分深刻：

"比起夸耀学问，更应该投身于实践。要说实践的话，阳明学比朱子学更好。"（涩泽荣一《活用论语》）

菊池菊城（1785—1864）出生于武州埼玉郡台村（现南埼玉郡菖蒲町）。青年时期赴江户师从于折中学的市井儒者山本北山，学成后以真正的教育为目标，独自前往武藏、伊豆、骏河、甲斐、越中、越后这些偏僻之地，聚集弟子传授学问。

安政年间，菊城在涩泽荣一的堂兄涩泽宗助家中开办私塾本材精舍传道授业，私塾关闭后也仍来这里讲学。

菊城通过武州多摩郡的弟子小岛鹿之助的介绍与新选组的近藤勇、土方岁三、冲田总司有来往，常常练习剑术。鹿之助与近藤勇结义为兄弟，现在小岛家的小岛资料馆中还保存着近藤勇等新选组成员的遗物。

其实菊城的老师山本北山有一位弟子于晚年师从于阳明学者春日潜庵，他就是崇尚阳明学的汉诗诗人梁川星严。

此外，菊城或许是因为看过书法家、阳明学者细井广泽的作品，留下了与细井广泽唱和的汉诗。

细井广泽是"忠臣藏事件"中赤穗义士之一堀部安兵卫的书法老师和好友，直接或间接地为赤穗义士提供了帮助，广为人知。

尾高惇忠（1830—1901），号蓝香，与涩泽荣一同出身于武藏榛泽郡（现埼玉县深谷市），以官营富冈制丝工厂的初代厂长而为人所知。

尾高惇忠将自宅命名为"知行合一塾"，制定了以下《知行合一塾学则》，向涩泽荣一等弟子教授四书与汉文。

> 虽言知之，不行则非真知。虽言行之，不知则非真行。知之则行，行之则知，是谓之学。

此外，富冈制丝工厂的厂长室中还挂着一块牌匾，上面是尾高惇忠写的"至诚如神"（《大学》）。

尾高惇忠不仅让女工们劳动，还对女工们的教育尽心尽力。

辞去制丝工厂厂长一职后，尾高惇忠被涩泽荣一邀请去第一国立银行担任盛冈分行行长，晚年从事阿波蓝染料的贩卖，同时也致力于著书立说。

接下来话题回到涩泽荣一身上。

涩泽荣一真正倾心于阳明学是在明治三十五年（1902年），于六十二岁去欧美视察后。

其契机是他有感于英国人的商业道德，深深感受到"商人要想得到与政治家同等的待遇，就要像英国的商人一样，拥有高度的商业道德"，并树立了目标。

明治四十年，二松学舍（现二松学舍大学）的创始人、阳明学学者三岛中洲（毅）给了涩泽荣一（时年六十七岁）一本叫作《道德经济合一说》的小册子。

当时的三岛中洲是东宫（皇太子）侍讲（家庭教师）。后来，他来涩泽荣一家拜访时，看到了涩泽荣一的朋友福岛甲子三在其七十岁生日时赠送的画帖。

其中一幅画是洋画家小山正太郎所作。画中朱鞘的刀与礼帽、《论语》与算盘摆在一起，旁边写着："以《论语》为基础营商事，执算盘说士道，非常人，非常事，非常功。"

朱鞘的刀和礼帽表示"士魂商才"。

三岛中洲此后又写下"论语算盘说"一文，亲自拿到涩泽府中作为礼物赠送。

文中写道："公谓余曰：'世人分论语算盘为二，此为经济不振之所以。'今画师（小山正太郎）以此为二，非深知公之心者也。"（涩泽研究会编《公益的追求者：涩泽荣一》）

涩泽荣一的见解是："孔孟的教诲为'义利合一'，而宋朝大儒朱子却贬低货殖功利，此后朱子的学说便带来诸多弊害，直至今日。"

晚年的涩泽荣一通过与三岛中洲的来往，对阳明学愈加赞赏，更加坚信自己的"道德经济合一说（论语算盘合一论）"，于七十岁之际辞去了多家企业和团体的职务后开始积极推广"道德经济合一说"。